LE PETIT LEMOINE

ISBN : 978-2-4120-4934-1
Dépôt légal : octobre 2019
Imprimé en France par Normandie Roto Impression s.a.s. (1904490)

Correction : Marie Caillaud
Maquette intérieure : NoOok
Directeur d'ouvrage : Claude Fournier

Éditions First, un département d'Édi8
12, avenue d'Italie
75013 Paris – France
Tél : 01-44-16-09-00
Fax : 01-44-16-09-01
E-mail : firstinfo@efirst.com
Internet : www.editionsfirst.fr

LE PETIT LEMOINE

Dictionnaire (im)pertinent
et (auto)dérisoire
sur la vie et ses à-côtés

FIRST
ÉDITIONS

Je crois que je me suis un peu emballé avec cette histoire de dictionnaire. Au départ, avec mon éditeur, on cherchait une idée d'ouvrage accrocheuse, une promesse. Lui voulait que ce livre s'appelle *Comment perdre 10 kilos en un jour*. Vous savez comment ça se passe, quand c'est votre première collaboration, vous ne dites pas non tout de suite, vous essayez de mettre les formes. J'aimais bien la promesse de son titre, mais je ne voyais pas ce que j'allais mettre derrière, à part prôner l'amputation. Donc après avoir fait semblant de réfléchir en le regardant droit dans les yeux pendant quinze bonnes secondes, je lui ai dit simplement : « Euh non... pardon. » Le « pardon » à la fin de la réponse devant le rassurer sur ma soumission possible s'il insistait.

Une autre piste était de partir sur un titre choc et intrigant, comme *Mes vérités, ce que je n'aurais jamais dû vous dire*. Honnêtement, avec un titre pareil, même moi j'avais envie d'acheter ce livre. Le seul problème, c'est que je n'avais pas envie de l'écrire.

L'époque veut ça, l'offre est monstrueuse, les gens n'ont plus de temps à perdre, de rentrer vraiment dans le fond des choses, donc ils picorent. Et dans tout ce qui passera sous leurs yeux, l'objectif est de leur proposer la plus belle graine à picorer. C'était auparavant réservé aux magazines people qui compensaient par des titres racoleurs l'absence d'urgence de leurs informations, c'est maintenant toute la société qui est impactée. Les discours politiques ne sont résumés qu'à des petites phrases, les réseaux sociaux ne s'enflamment vraiment que pour les messages les plus extrêmes et, sur le Net, la prolifération des titres autrefois joliment appelés « attrape-nigauds » a donné naissance au néologisme le plus laid de ces dernières années : « putaclic ».

Avant de parler de contenu, il faut se faire remarquer, quitte à mentir sur la marchandise. Une fois accepté ce postulat, le champ des possibles s'ouvre devant vous. On a donc beaucoup hésité. *Gagner toujours plus en travaillant toujours moins*, *Mon horoscope infaillible pour les 20 années à venir*, *Je les ai rencontrés – ma rencontre avec des migrants extraterrestres*. Vous avez échappé à ça, entre autres...

Alors que je travaillais sur cet ouvrage, ma fille de 8 ans a débarqué dans mon bureau, intriguée par la concentration que je mettais à compiler des pensées absurdes.

« Qu'est-ce que tu fais, papa ?

— J'essaie d'écrire un livre.

— Un livre sur quoi ?

— C'est compliqué. Comment t'expliquer ? Disons que c'est un recueil de bêtises.

— Ah... Et c'est quoi le titre ?

— Ben, je n'en ai pas pour l'instant.

— Moi j'en ai un, alors ! Pourquoi tu l'appelles pas *Les Bêtises* ? »

Les enfants sont navrants, ils n'ont aucun sens du commerce. Ils manquent de vice, ils pensent qu'on peut réussir en étant juste honnête. Comprenant que ma tentative d'éducation avait été un échec, j'ai placé ma fille en pension après cet épisode douloureux.

Finalement nous sommes partis sur un dictionnaire très personnel et surtout très libre, où chaque mot ouvre le champ à une définition, une réflexion, un dialogue ou même une anecdote. Digression assurée.

Vous l'avez donc compris, le titre n'est absolument pas contractuel. Je ne peux pas vous garantir un savoir encyclopédique à la fin de la lecture de ce livre, mais par contre un voyage un peu étrange dans mon cerveau plus mal rangé que dérangé. Comme au cinéma quand on vous présente des extraits disparates devant vous donner une idée de l'histoire, voici un peu la bande-annonce de ce qui me passe par la tête depuis des années.

Il paraît que c'est en écoutant les gens qu'on les comprend. Alors comme je n'aime pas parler de moi, je vais vous parler de tout.

Dictionnaire

Solution pratique pour classer plein de sujets n'ayant aucun rapport les uns avec les autres.

Si vous avez besoin d'exemples, lisez toutes les pages qui suivent.

A

Né avec une cuillère en argent dans la bouche, le A n'a jamais eu à se battre pour être la première lettre de l'alphabet. Il a hérité de ce privilège et, comme les syndicats de lettres sont assez peu actifs, il y a peu de chance que cet ordre soit un jour discuté. Le A est donc très prisé pour être référencé au plus haut dans les annuaires professionnels, avec parfois quelques abus, comme « A A A A A Pompes funèbres », donnant un côté étrangement guilleret à une entreprise de ce domaine.

Addiction

Il m'arrive souvent de regarder bêtement la télé pendant des heures, sans réfléchir, par réflexe. Et parfois même, je l'allume.

Ado

Au lycée, je marquais sur les tables de classe des messages d'amour, genre : « Jean-Luc, je t'aime trop », « Moi + Jean-Luc = passion », « JLL au top du top ». Pour faire croire que j'étais populaire.
Après, j'allais dans le hall en bombant le torse et, là, j'entendais les filles qui chuchotaient entre elles : « Tiens, c'est lui Jean-Luc, c'est lui qui s'écrit des mots d'amour sur les tables... »

Alcoolisme

Il paraît que les jeunes boivent plus que les vieux. C'est faux, ils boivent tout autant, mais les vieux renversent plus.

Alimentation

Je ne comprends pas les enfants qui lèchent les barres du métro ou les vitres des autobus et qui, le soir, refusent à leurs parents de manger des légumes verts parce que « c'est pas bon ! ».

Allaitement

Si j'ai un enfant, je suis prêt à l'allaiter. Enfin, moi, je ne peux pas, mais je suis prêt à aborder des filles dans la rue pour qu'elles l'allaitent.

Allergie

Je suis allergique au pollen, à la poussière, aux chats et aux cons. Alors, les chats cons qui se traînent dans la poussière...

Amitié

J'aime bien les gars du Trésor public. C'est vrai, ce sont les seuls qui trouvent toujours le temps de m'écrire.

Amitié virtuelle

C'est formidable les réseaux sociaux. Tout le monde peut discuter avec tout le monde, il n'y a pas de barrière. Connu, pas connu... Tu peux échanger avec qui tu veux. Moi, par exemple, je reçois souvent des messages du genre : « Salut Jean-Luc, c'est mon anniversaire, est-ce que tu pourrais me le souhaiter ? »
Au bout d'un moment, je réponds un peu gêné : « Ben... ce n'est pas que je ne veux pas, mais le problème... c'est que je ne te connais pas. »
Et là, la personne me dit sans se démonter : « Ce n'est pas grave, je t'aime beaucoup, est-ce que tu pourrais me le souhaiter ? » Donc pour lui faire plaisir, je lui écris : « Bon anniversaire ! » et, très fière, elle me répond : « C'est sympa, merci d'y avoir pensé ! »
C'est bizarre quand même.

Amour

En général, les femmes aiment et après font l'amour, alors qu'un mec peut faire l'amour et aimer la fille bien plus tard...
C'est même très fréquent. Souvent un mec couche avec une fille dont il n'est pas amoureux. Eh bien, s'il reste plusieurs mois sans en trouver une autre pour coucher avec, il peut très bien se rendre compte que finalement, cette fille, il l'aimait bien.

Animal de compagnie

Vous savez comment on sait qu'un chien a vieilli ? C'est quand le chien vous apporte un bâton, que vous le lancez au fond du jardin, qu'il s'y précipite et que, en arrivant là-bas, il ne se souvient plus ce qu'il est venu chercher.

Anniversaire

« Allô Sophie, oui, c'est Michel. Non, je t'appelle parce que Stéphanie va avoir 25 ans. Oui, le 12... Non, de ce mois-ci. Oui, c'est dingue !

Non, et je me disais que pour marquer le coup, ça serait bien de lui organiser une petite fête surprise… avec les gens qu'elle aime bien… Donc je te rappellerai pour te raconter ! »

Antirides

La crème antirides, c'est une crème que tu mets et qui t'empêche d'avoir des rides. C'est super efficace quand tu as 20 ans. C'est incroyable, avec cette crème, à 20 ans, tu n'as pas une ride ! À 40 ans, ça marche moins. À 60, je crois que la peau s'est habituée parce que ça ne marche plus du tout. À 80, c'est efficace si tu n'étales pas la crème. C'est là où c'est fort, si tu laisses un gros pâté de crème, tu ne vois plus les rides !

Après l'amour

Après l'amour, les filles ont besoin d'être rassurées sur les sentiments de l'autre, alors que les garçons voudraient juste être rassurés sur leurs performances. Ce qui donne des dialogues de sourds.

« Alors, c'était comment ? J'ai assuré là !

— Tu me prends dans tes bras ?

— Pourquoi, t'as froid ? Avec ce que je t'ai donné, t'as froid ?

— Non, ce n'est pas ça mais… tu me prends dans tes bras ? »

Oui, en langage filles, « Tu me prends dans tes bras ? », ça veut dire « Tu m'aimes ? », alors que « J'ai assuré, là ! », ça veut dire… que tu as couché avec un gros lourd.

Art

C'est compliqué d'appréhender l'art… enfin, quand on n'est pas un spécialiste. Balzac a dit : « La mission de l'art, ce n'est pas de copier la nature, mais de l'exprimer. » Voilà, moi je ne comprends même pas la définition, alors le reste…

Ascenseur

Quand les gens appellent l'ascenseur, ils appuient sur le bouton. S'il n'arrive pas tout de suite, ils appuient à nouveau sur le bouton. Pourquoi ? Est-ce que, comme ça, l'ascenseur se dit : « Merde, il y a quelqu'un de pressé, faut que je me dépêche ! » ?

Assurance

J'ai toujours été fasciné par les assurances auto. Une assurance auto, c'est pour te couvrir en cas d'accident. Mais si tu as trop d'accidents, l'assurance peut résilier ton contrat. Donc si tu veux avoir des bons rapports avec ton assureur, il ne faut pas avoir d'accident. Mais si tu n'as pas d'accident, tu n'as pas besoin d'assureur.

Atterrissage

À l'atterrissage, quand l'avion roule au ralenti jusqu'à la passerelle, on nous dit : « Vous êtes priés de garder votre ceinture attachée jusqu'à l'arrêt complet de l'appareil. » Franchement, qu'est-ce qu'on risque ? On est au ralenti ! Est-ce qu'à un moment dans le haut-parleur, on va entendre : « Bonjour, c'est votre commandant qui vous parle. Nous arrivons à la passerelle mais avant, pour impressionner les hôtesses, je vais faire des roues arrière et des dérapages ! » ?

Audiences télé

Les audiences télé tombent le matin à 9 h 02. Ne me demandez pas pourquoi, c'est comme ça. Si elles sont bonnes, votre téléphone vibre au son des messages de félicitations, comme s'il était possédé par le démon de la fête. Tout le monde vous aime et vous rappelle que vous êtes un génie, au cas où vous l'auriez oublié.
Si vous recevez votre premier appel entre 9 h 05 et 9 h 15, vous savez que les audiences sont moyennes et que quelqu'un a pris le temps

de réfléchir pour trouver un point positif à vous annoncer. L'enthousiasme est toujours là, mais plus pudique.
Si le téléphone sonne vers 10 h 30 et que, au bout du fil, quelqu'un de votre équipe tente un timide « Ça va ? », là vous comprenez que vous avez sans doute chopé la lèpre télévisuelle.
Si vous réussissez à faire une grasse matinée sans que votre téléphone ne vous dérange, vous savez que vous serez bientôt au chômage.

Autocensure

J'ai écrit beaucoup de sketchs, mais j'en ai abandonné encore plus. Très souvent, une bonne idée en soirée devient une idée minable le lendemain matin, quand l'ivresse et l'énergie de la nuit ont disparu. Par exemple, un soir, je pensais qu'il serait très pertinent de faire un texte sur un pizzaïolo monarchiste qui ne faisait que des pizzas reine. J'en suis encore désolé.

Avenir

Dans les soirées, je rencontre beaucoup d'« alcoolomanciens ». Ce sont des hommes qui voient l'avenir dans l'alcool. Ça a l'air d'être un art divinatoire sérieux car ils ont souvent les mêmes visions. « Toi, tu es un prince ! Et tu seras un roi ! Et tu vas me ramener chez moi ! »
Moi, je suis cartomancien. Je lis dans les cartes bleues. Plus la carte est dorée, plus vous allez être heureux. Je vois aussi que si vous me donnez votre code, il va vous arriver beaucoup de problèmes.

Avion

Pourquoi on nous donne la température extérieure dans les avions ?
Ça veut dire qu'on peut aller se promener sur l'aile ?
Et pourquoi y a-t-il un gilet de sauvetage pour chaque passager ? Ça ne serait pas plus utile un parachute ?

B

Lettre vivant dans l'ombre du A. Malgré tous ses efforts, elle reste une roue de secours : plan B, face B, série B... Pour la consoler de ce triste sort, on lui a quand même attribué quelques mots gratifiants.

Exemples : bidet, buse, boulet.

Baby shower

Fête prétexte calée entre le 7e et le 8e mois de grossesse pour que la maman ne soit pas encore trop fatiguée pour gâcher la nouba imaginée par ses amies organisatrices. Le timing est très important pour ne pas endommager durablement des relations amicales. Exemple :
« Virginie a eu un prématuré, on va être obligé d'annuler.
— Sérieux ? Elle fait chier celle-là ! Elle n'est plus sous garantie ma piñata ! »
On ne sait jamais quoi offrir à une fête prénatale. Si la maman attend des sextuplés, est-ce qu'on peut offrir des antidépresseurs ?

Bascule

Comment savoir si on est vieux ? Il suffit de se poser les bonnes questions.

- Si quand on vous donne un prix, vous ne pouvez pas vous empêcher de le convertir en francs dans votre tête ;
- Si quand vous vous levez à 9 heures du matin, vous avez l'impression d'avoir fait une grasse matinée ;
- Si dans la rue, vous parlez de plus en plus souvent météo avec des gens ;
- Si quand vous arrivez dans le métro, les gens vous proposent de vous asseoir à leur place ;
- Si ça fait plus de quinze ans que vous n'avez pas grandi d'un centimètre ;
- Si finalement vous vous dites que le JT de Jean-Pierre Pernaut, c'est sympa à regarder ;
- Si vous écoutez Nostalgie et que vous vous rendez compte que vous avez connu tous les morceaux au moment de leur sortie ;
- Si vous êtes obligé de poser des RTT pour vous remettre d'une cuite ;

- Si vous êtes un homme et, qu'étrangement, la perspective d'avoir une relation avec une femme plus âgée que vous ne vous excite plus du tout ;
- Si vous êtes une femme et que vous vous dites que si votre peau continue à se détendre comme ça, vous allez bientôt pouvoir vous faire un hamac ou un parachute ;
- Si quand vous écrivez des textos, vous trouvez important de mettre les accents et la ponctuation ;
- Et surtout, s'il y a deux heures à peine, vous aviez une super vanne pour finir cette liste mais que vous l'avez déjà oubliée ;

Alors, oui, vous êtes vieux.

Beauté

J'ai compris que j'étais moche le jour où j'ai trouvé qu'un de mes amis me ressemblait beaucoup quand il faisait des grimaces.

Bébé

Ce n'est pas méchant de dire la vérité. On est toujours invité à la maternité pour dire que les bébés sont magnifiques. On te présente un petit joufflu tout rougeaud, avec encore les marques des forceps sur le crâne. « Oh, un bébé pain de sucre ! » et on te dit :
« Il est beau, hein ?
— Écoute, si tu me poses la question, c'est que toi-même tu as un doute. Et franchement, je te comprends. »

Besoin d'un break

« Ça ne sert à rien de se voiler la face, tu es le problème de notre couple. Je me bats tout seul pour qu'on soit bien ensemble. Toi le soir, tu rentres, tu fais la gueule, tu prépares à manger, tu fais la gueule, tu fais la vaisselle, tu fais la gueule... Dès qu'il se passe un truc bien dans ta vie, tu fais la gueule. Tu ne vois pas que le bonheur, il voudrait être ton copain ? »

Bimbo

Il y a une catégorie de filles qui me fascine : les filles bonnes. Je ne parle pas des jolies filles, je parle des filles bonnes. Les filles qui, dès le matin, ne pensent qu'à une chose : être bonnes. Ça doit être leur métier... À l'école, on leur disait : « Faudrait peut-être que tu ailles à la bibliothèque si tu veux avoir des diplômes », elles répondaient : « Ce n'est pas la peine, je suis bonne. »

Je suis admiratif, mais je ne comprends pas leur projet de vie. Ces filles n'ont qu'un but : faire bander la terre entière. Elles sont faciles à repérer. Sur les réseaux sociaux déjà, elles changent de photo de profil au moins une fois par jour. Parce qu'elles se kiffent, mais comme elles se regardent beaucoup, elles se lassent... elles sont sur leurs pages toute la journée. « Oh ben, dis donc, je suis bonne... oh oui, je suis bonne... je suis très excitante. Oh ben, c'est qui cette fille ? Oh ben, c'est moi, je suis conne... Je suis conne, mais je suis bonne... Oh oui... Oh ben non, je ne me plais plus. Je change. Comment elle est cette photo ? Elle est bien. Oh oui, je suis bonne... Oh ben dis donc qu'est-ce que je suis bonne ! » Toute la journée. Les réseaux sociaux, ce ne sont plus des réseaux sociaux, ce sont des catalogues La Redoute de leur gueule ! Elles postent aussi des photos de leurs jambes, de leurs bras, de leurs épaules... Je ne sais pas pourquoi, peut-être pour qu'on puisse faire des puzzles.

Regardez les émissions de téléréalité. Il y a plein de filles comme ça. Elles sont jolies, super apprêtées, très féminines... mais quand elles parlent, comment dire, ça fait comme un léger contraste : « D'où tu me manques de respect ? Tu m'as pris pour ta pute ou quoi ? Je t'encule, moi... Tu me reparles comme ça, je te fracasse la tête et je te chie dans les oreilles. »

Oui, il serait intéressant qu'elles fassent un peu moins de manucure et un stage de gestion de la colère.

Bizarrerie

C'est bizarre, avant, la télé, pour y passer, il fallait être exceptionnel. Maintenant, c'est le fait de passer à la télé qui te rend exceptionnel.

Blind date

Au téléphone, elle me dit : « On se retrouve place des Lilas. Pour se reconnaître, on aura chacun à la main un pare-chocs de Kangoo. » Bon, au début j'ai trouvé ça bizarre... mais rigolo. Donc je me suis pointé au rendez-vous, et là, j'ai compris pourquoi elle m'avait demandé un pare-chocs de Kangoo. Parce que, un pare-chocs, tu ne peux pas le cacher. Ah si, je vous assure, quand j'ai vu sa tête, j'ai voulu le cacher : impossible !

Bobo

J'ai une passion toute particulière pour ces bobos qui, au cours d'un dîner parisien, t'expliquent avec ardeur que la voiture en ville ne sert à rien et qui, en fin de soirée, te demandent piteusement si tu peux les raccompagner.

Bonheur

Je suis bien dans ma tête, je suis ouvert au bonheur, il vient frapper à ma porte quand il veut celui-là ! Seulement, quand tu habites comme moi au 7e sans ascenseur, le bonheur monte rarement les escaliers... Le bonheur, c'est une feignasse.

Boulangère

Pourquoi les boulangères veulent-elles toujours te rajouter un truc que tu n'as pas demandé.

« Avec ça, je vous mets une tradition ?

— Ben non, pourquoi ? J'ai demandé des chouquettes. C'est quoi la logique ? »

Vous imaginez si tout le monde faisait ça ? Tous les métiers ? Le chirurgien ? « Bon, avec votre appendicite, je vous enlève un rein ? Non, parce que je suis chaud là ! »
Ça n'a pas de sens.

Bourrin

Disons-le tout net, dans leur immense majorité, les hommes sont de gros bourrins. Avec les femmes, ils ont autant de *feeling* qu'un panda qui voudrait jouer du banjo. Surtout quand il s'agit de percevoir leur désir.
« Alors, en ramassant son courrier, elle m'a dit bonjour. Après elle m'a tourné le dos et elle est partie sans me calculer. À mon avis, ce n'est pas anodin... Ben oui, évidemment, je suis con, elle me veut, la coquine ! »
Oui, parce que de toute façon, pour les hommes, tout est annonciateur de désir. Ils sont persuadés que les films porno sont des documentaires. Ce qui crée de grands malentendus parce que, malheureusement, contrairement à leurs fantasmes, les femmes ne pensent pas qu'à ça. Donc après, pour justifier leurs élans, ils rament un peu :
« Hein ? Quoi ? Pourquoi je lui ai sauté dessus ? Ben attendez, c'est elle qui m'a chauffé. Je vois cette femme débarquer. On ne se connaît pas. Elle me regarde droit dans les yeux, elle tourne un moment autour de moi et elle engage la conversation en me demandant si je compte rester longtemps. Je lui réponds que oui et là, direct, avec un petit sourire de satisfaction, elle se met à m'écrire un petit mot. Pour moi, c'était une invitation, c'est pour ça que j'ai essayé de l'embrasser... Moi, je n'avais rien demandé, j'étais assis tranquille dans ma bagnole, je ne savais pas que c'était une contractuelle. »

Bouteille à la mer

Avec le pot que j'ai, si j'échoue sur une île déserte et que je trouve une bouteille, je suis sûr qu'à l'intérieur, il y aura ma déclaration d'impôts. De toute façon, je ne suis pas convaincu par ce mode de communication. Un jour, j'ai trouvé une bouteille avec un message de détresse. J'ai pris la bouteille, j'y ai mis ma réponse et je l'ai remise à la mer. La personne ne m'a jamais répondu.

Bricolage

Je bricole, mais pas tout le temps. Je plante un clou. Après, j'attends que mon doigt cicatrise, je plante un deuxième clou, j'attends que mon doigt cicatrise à nouveau... En trois ans maxi, je peux vous poser une étagère.

Bronzage

J'avais une copine qui mettait de l'autobronzant, mais pas partout. Quand tu la déshabillais, tu avais l'impression que c'était un appart dont on n'avait pas fini les peintures.

Bronzage bis

Moins dangereux que les UV, pour paraître bronzé, il faut toujours se promener avec des gens très pâles.

Business

J'avais investi dans un marché porteur qui s'est finalement cassé la figure. Je vendais des implants mammaires d'occasion.

Buzz

Si on me demande ce que je veux faire plus tard, c'est simple, je réponds : « Plus tard, je voudrais faire le buzz. »

Le buzz, c'est comme le loto, n'importe quel crétin peut gagner. Avant, pour qu'on parle de toi, il fallait faire quelque chose d'intéressant ou d'important, maintenant on s'en fout. Il faut juste que ça soit spectaculaire ou insolite.

Ah si, je vous assure. Sur Internet, si vous mettez la vidéo d'un mec qui crée un vaccin et la vidéo d'un mec qui saute dans son slip, d'après vous, laquelle va faire le buzz ?

C

Lettre très utilisée par la génération du pouce, qui écrit ses messages plus vite qu'elle ne les pense.

C pour remplacer « C'est ».

CC pour mettre quelqu'un en copie.

CCCCCCCC pour dire « c'est » ou mettre quelqu'un en copie quand on est bègue.

Cadeau d'entreprise

Une société a offert à tous ses employés un ordinateur portable. Évidemment, tous ceux qui ont reçu au Noël de leur boîte un mug avec la tête de leur chef de service ou un assortiment de chocolats périmés ont tout de suite saisi la signification du mot jalousie en apprenant la nouvelle, sauf que moi je dis, attention aux faux amis : un ordinateur portable, ça veut surtout dire travail à domicile. Mais c'est dans l'ordre naturel des choses. Un jour, ils offriront des petits chefs portables pour se faire prendre un petit peu la tête à la maison.

Calendrier des pompiers

Y a-t-il des représailles si on n'achète pas le calendrier des pompiers ou si on ne donne pas assez ? Si je suis un peu radin, en cas d'incendie, est-ce qu'ils peuvent venir et n'éteindre que la moitié du feu ?
En plus, il paraît qu'il y a des usurpateurs qui profiteraient de la période de fin d'année pour venir vendre de faux calendriers. C'est chaud ! Du coup, quand un pompier vient sonner chez moi, je mets le feu au paillasson. S'il l'éteint, c'est que c'est un vrai.

Cambriolage

Après un cambriolage, les assurances vous demandent les factures pour savoir ce qu'on vous a volé. Moi, on m'a volé mes factures...

Canard

Certains éleveurs avancent un argument bien étrange : le canard aurait un cerveau de la taille d'un petit pois avec 4 neurones. Je n'ai pas bien compris le rapport, mais ça m'a mis un gros doute. Ma compagne m'appelle souvent mon canard, est-ce que je dois mal le prendre ? Surtout qu'en y réfléchissant bien, c'est vrai que, bien souvent, elle me gave.

Cancre

« Bon, ses dissertations... On a mis des chercheurs sur le coup parce qu'on ne comprend rien. Peut-être que ça a un sens, mais on n'arrive pas à le relire... Et lui non plus. Non, il n'a pas une écriture de gaucher... On a plutôt l'impression qu'il écrit avec sa bouche, le stylo entre les dents, comme s'il avait des dents à la place des doigts... Voilà, c'est ça... Il fait de l'écriture abstraite... Ce n'est pas vraiment des phrases qu'il fait, c'est plutôt des taches d'encre...
En gym, il fait 57 secondes aux 100 mètres... Oui, c'est bien pour un pingouin, pour un garçon de 18 ans, c'est faible... En fait, la question qu'on peut se poser, c'est : pourquoi vous obstinez-vous à le scolariser ? Pour qu'il fasse des études supérieures ? Non, mais sans déconner ? Parce qu'à ce rythme-là, s'il fait des études supérieures, il sort de la fac à 47 ans ! Bien sûr que je suis sérieux. Bon, 46 ans s'il bosse, mais faut pas espérer mieux. Ce que je ferais à votre place ? Moi, je n'hésiterais pas, je le ferais piquer. Ah ben si, là, il est idiot, vous n'en tirerez jamais rien. Faites-en un autre... Même si vous faites le nouveau maintenant, il sortira du lycée avant lui. »

Carie

Contre les caries, pour 10 euros, j'ai un pote qui te pète les dents. Après, tu n'as plus de problème.

Carrière

C'est bien de connaître une traversée du désert, ça veut dire que ça a marché à un moment. Parce que pour beaucoup d'artistes, toute la vie est un désert.

Catastrophe aérienne

Il y a pire que mourir dans un crash... C'est mourir dans un crash en « business class ». Parce que tu payes plus cher que les autres, mais tu meurs pareil.

Une liste noire des compagnies aériennes a été établie. Bon, si vous n'avez pas accès à cette liste, en étant un brin observateur, vous pouvez quand même savoir si c'est dangereux :

- Si dans l'avion, il n'y a pas de sièges mais juste des bancs, méfiez-vous ;
- Si l'hôtesse de l'air ne peut s'empêcher de pleurer pendant les consignes de sécurité, elle vous envoie un signal ;
- Si tout le personnel de bord fait le service avec un parachute dans le dos, ce n'est pas bon signe non plus ;
- Si on ne vous distribue pas de journaux, mais des Bibles, fuyez.

Catholique

On va crever l'abcès une bonne fois pour toutes... Il faut être réaliste, les cathos ne sont pas rigolos. Autant, on identifie bien l'humour juif, autant l'humour catho, c'est plus compliqué.

Il y a bien eu une tentative sous l'Inquisition avec les écartèlements, mais c'était plus du comique visuel. Le texte, c'était assez pauvre : « Aaaah ! Aaaaah ! Ça tire ! Aaah ! Ça fait mal ! Ah ben c'est malin, maintenant mes vêtements sont trop petits ! » On est vite limités.

Je sais de quoi je parle ! Cet été, comme livre de plage, j'avais emmené la Bible... Niveau fun, zéro. En plus, va draguer sur la plage avec la Bible dans la main ! Non, au bout de deux jours, j'ai laissé tomber et j'ai piqué le *Harry Potter* de mon neveu !

Lui, il a pris la Bible, ça l'a vachement inspiré. Il s'est levé, tout content et il est parti marcher sur l'eau… Voilà, en tout cas, ça fera un cadeau de moins à faire à Noël.

Célébration

C'est beau la célébration d'un but par un joueur. Le ballon passe la ligne de but, le joueur part en hurlant sa joie, le visage déformé par le bonheur. À ce moment-là, il est en communion avec le public. C'est beau mais juste un jour, pour mon plaisir personnel, j'aimerais que cette célébration se passe en pleine grève des supporters. Si on coupe les réactions du public et s'il court tout seul en hurlant dans le stade, je voudrais savoir combien il pourra faire de mètres avant de se faire taser par un agent de sécurité.

Célébrité

C'est bien la célébrité. Moi, maintenant, quand j'arrive quelque part, les portes s'ouvrent toutes seules. Bon, la plupart du temps, ce sont des portes automatiques, mais même les portes automatiques, je vois bien qu'elles s'ouvrent avec plus de respect.

Censure

J'avais un avis très tranché sur la censure, mais on m'a demandé de ne rien dire.

Centre de loisirs

Les parents déposent toujours leurs enfants au centre de loisirs comme s'ils faisaient un cadeau aux animateurs, persuadés que leurs rejetons sont délicieux et trop mignons. C'est souvent vrai d'ailleurs, mais pour bien comprendre la perception des animateurs de ces centres, il ne faut jamais oublier une chose : un gamin seul, c'est un petit poussin. 75 gamins ensemble, c'est une moquette jaune.

Cercle vicieux

Je suis fasciné par l'esprit humain. Par toutes ces petites connexions qui se font dans le cerveau et qui font que nous agissons et qu'en agissant, ou en n'agissant pas, on provoque plein d'autres réactions. Par exemple, pourquoi se brosse-t-on les dents tous les matins ? Parce qu'en respirant l'haleine de sa copine au réveil, on se dit qu'il faut faire quelque chose. Donc, on va se laver les dents, c'est logique. C'est aussi pour ça que les célibataires, qui n'ont pas d'haleine de référence, puent plus de la gueule le matin que les personnes en couple. Et comme ils sentent mauvais de la bouche, ils n'arrivent pas à sortir du célibat.

Cerveau

Dans le cerveau, il y a de la matière organique et de l'eau. Le problème, c'est que beaucoup de gens se servent surtout de l'eau.

Chaîne

Si tous les cons du monde voulaient bien se donner la main, ça serait beaucoup plus facile pour les électrocuter.

Challenge Internet

Le monde va mal, mais ce n'est pas la crise économique le principal problème, c'est la montée de la connerie. Ça, c'est une vraie valeur à la hausse. Surtout grâce à Internet, qui permet de bien la propager. Tous les challenges, genre : « Je dis ton nom et, si tu ne te jettes pas à l'eau, tu es obligé de payer le restaurant. » Franchement, on en est rendus là ? Le pire, c'est que ça a marché... Pendant un moment, tu voyais plein de gens enthousiastes, le long des étangs, prêts à sauter dans l'eau glacée, en se filmant...
« Ah, toi aussi on a dit ton nom ?

— Non, moi je suis dépressif. Je voulais juste me suicider. Vous me faites chier avec vos challenges ! »
C'est quoi le projet ? Déjà, à la base, c'est con... Mais le pire, c'est que certains se sont dit que ça ne l'était pas assez. Donc, ils en ont rajouté. Il y a un mec pour faire le malin, il a plongé avec ses rollers. Il n'est jamais remonté. La bonne nouvelle pour lui, c'est qu'il n'a pas payé le resto, mais à part ça...

Chandeleur

Quand j'étais petit, comme on avait du mal à finir les fins de mois, à la chandeleur, ma mère prenait un peu de cambouis en guise de confiture et elle badigeonnait des napperons qu'on mangeait avec ma sœur. C'était très économique. Une crêpe, tu la manges en 5 minutes, un napperon, tu mets 5 jours !

Changement d'heure

Le changement d'heure pour les chèvres, c'est embêtant, car ça dérègle l'heure de leur traite et aussi parce qu'elles ne savent plus à quelle heure elles peuvent regarder le journal télévisé.

Chantal Goya

Ce que j'aime chez Chantal Goya, c'est qu'elle a le sens de la famille. « Bécassine, c'est ma cousine. Bécassine, on est voisine. » C'est rare que toute une famille vive dans le même quartier.

Chanteur

Tous les métiers artistiques sont fragiles, les gloires éphémères. Quand on est chanteur, à quel moment sent-on que le vent commence à tourner ? Quand la maison de disques te dit : « Écoute, au lieu d'un album original, ça serait bien de sortir une compilation ? »

Chanteur bis

Il y a de très bons chanteurs dans le métro. Le problème, c'est qu'il y a très peu de producteurs qui prennent le métro.

Chasse

J'aimerais bien être chasseur, mais comme je vise très mal, je chasse les oiseaux en cage.

L'odeur est très importante, le chasseur doit se fondre dans le décor. Est-ce que ça veut dire que pour les chasseurs alcooliques, il va falloir déverser du vin dans toute la forêt ?

L'argument des chasseurs, c'est que, quand ils tuent un gibier, ils le mangent. Est-ce que ça s'applique aussi s'il y a un accident avec un campeur ?

Chasteté

La ceinture de chasteté, quand tu perds la clé, c'est surtout agréable pour les serruriers.

Ce qu'il faudrait, c'est des ceintures modernes avec des fermetures à télécommandes, comme pour les bagnoles. Comme ça, quand tu rentres chez toi, tu fais « Pioup Pioup », ta femme, elle a tout de suite compris !

Chauffeur

Vu le volume de la radio, je crois que mon chauffeur de taxi est sourd. J'espère qu'il n'est pas aveugle. À chaque feu rouge, je vois dans le rétroviseur ses yeux se fermer légèrement. Je crois que je vais chanter.

Chaussure

Grand mystère, la plupart des femmes n'ont aucune conscience de la réalité de leur corps. Elles n'ont que deux pieds et pourtant, elles veulent toujours... de nouvelles chaussures.

« Je voudrais des nouvelles chaussures.
— Quoi ? Mais tu en as déjà 412 paires, qu'est-ce que tu vas en faire ?
— Je n'en sais rien mais il me les faut. (Elle parle comme un zombie) Je veux ces chaussures !
— Hein ? Mais tu les as déjà, celles-là !
— Pas dans cette couleur ! Qu'est-ce qu'il y a ? Tu veux que je sorte pieds nus, dans la rue, comme une souillon ? Que je te fasse honte ? C'est ça que tu veux pour toi ? C'est ça que tu veux pour moi ? Que je ne ressemble à rien ?
— Non, ce n'est pas ça ! Je viens simplement de réaliser que ton but dans la vie, ce n'était pas d'être une femme, mais un mille-pattes, et je me dis que ça serait bien qu'on garde un peu d'argent pour te faire greffer des pieds en plus ! »
Remarquez, au moins, on sait quoi leur acheter pour leur faire plaisir. Parce qu'un homme, s'il est bien dans ses chaussures, c'est plutôt sa femme au bout de 5 ans qui le supplie d'acheter une nouvelle paire.
« Non, mais tu ne peux pas sortir comme ça. Regarde, la semelle se décolle !
— Et alors ? Je suis bien dedans ! »
Oui, pour les mecs, les chaussures, c'est comme les femmes, s'ils sont bien dedans...
Attention, je ne suis pas fier de tout ce que j'écris ! Là, par exemple, je ne suis pas fier.

Che Guevara

Soyons honnêtes, parmi les jeunes, très peu connaissent le combat du Che et beaucoup pensent que le mec mal rasé avec son béret est juste le logo d'une grande marque de T-shirts.

Cheveux gras

Comment savoir si on en a ? Si l'appuie-tête de ton siège auto ressemble à l'intérieur d'un carton à pizza, c'est que tu as les cheveux gras.

Chien

Oui, j'ai déjà été mordu par un chien. Heureusement, je n'étais pas seul, j'étais avec un ami. J'ai montré mon pote au molosse, je lui ai dit : « Attaque ! » et il m'a lâché. Sinon, il aurait pu me faire très mal !

Chien bis

Mon chien a 15 ans. Il n'a pas changé, il est toujours aussi vif. La seule différence, c'est qu'avant, on mettait la clé dans la porte, il l'entendait tout de suite et arrivait en remuant la queue. Maintenant, on rentre, on va devant son panier, on lui crie : « On est rentrés ! » Et là, il remue la queue !

Chien d'aveugle

Pour les aveugles sportifs, est-ce qu'on peut envisager des lévriers d'aveugle ?

Chute

46 % des personnes âgées tombent dans la salle de bains. Donc, première mesure, il faut supprimer la salle de bains.

Cigare

On ne peut pas occulter le côté ostentatoire du fumeur de cigare. Dans une réunion d'affaires, c'est quand même plus classe un cigare qu'une pipe. Enfin, ça n'a pas la même utilité...

Cimetière

Dans certains cimetières parisiens, il y a 3 ans de liste d'attente. Mais si une place se libère, est-ce que tu es obligé de te suicider ?

Cinéma

J'adore le cinéma.

C'est vrai, c'est un modèle de vie. J'aimerais que ma vie se passe comme au ciné.

Déjà, au ciné, tu vas à l'essentiel. Par exemple, tu dragues une fille. Souvent, à la scène suivante, tu couches avec ! Ça s'appelle une ellipse. Tu coupes la phase chiante. J'adorerais faire ça ! Moi, quand je drague une fille dans la vraie vie, la fille, elle ne veut jamais ellipser ! Elle veut que je lui paye des verres toute la soirée pour finalement me dire non ou me dire oui, en me vomissant sur les chaussures parce qu'elle a trop bu.

Dans la vraie vie, tu ne sais jamais si elle veut. Au cinéma, si c'est bon, tu le sais car la fille te regarde au ralenti. Tu es avec tes amis, tu rigoles, elle rentre dans la pièce. La voix de tes potes disparaît, on envoie une musique romantique et tu la regardes passer au ralenti... Tu sais que tu vas bientôt l'ellipser ! Est-ce que quelqu'un s'est déjà fait regarder au ralenti ? Moi, j'ai essayé de le faire. La fille a cru que j'étais demeuré... Ou que j'avais une attaque cérébrale.

Ce qui est bien aussi au ciné, c'est que ça s'arrange toujours pour le héros à la fin. Souvent au début du film, le mec flashe sur une fille mais, elle, elle ne peut pas le saquer. Toi, dans la salle, tu jubiles parce que tu sais que, petit à petit, la fille va lui trouver des qualités, qu'après tout, le physique, ce n'est pas si important et que, à la fin du film, elle sera folle de lui. Dans la vraie vie, tu flashes sur une fille, elle ne peut pas te saquer... Eh ben, si tu es patient, au bout d'un moment, elle ne peut toujours pas te saquer ! En revanche, elle peut appeler les flics si tu continues à lui téléphoner la nuit pour lui faire entendre ta respiration.

Clitoris

Après vérification, il paraît que le clitoris existe vraiment. Ma femme m'en avait déjà parlé, mais je pensais qu'elle déconnait.

Code de la route

Je suis à bloc sur le Code de la route, je connais tous les panneaux. Je sais que le carré blanc sur les ronds rouges, enfin que le carré blanc, cela veut dire que la route est interdite aux moins de 18 ans.

Coin-coin

« Papa, pourquoi les canards ils font coin-coin ?
— Ben, parce que c'est leur cri.
— Et pourquoi ?
— Pourquoi, pourquoi... Parce qu'ils n'ont pas eu de chance. On leur a donné le coin-coin, on ne leur a pas demandé leur avis.
— Qui c'est qui leur a donné le coin-coin ?
— Je n'en sais rien, moi... Enfin, si, c'est le monsieur qui distribue les cris aux animaux. Le cridanimologue.
— Pourquoi le monsieur il a fait ça ?
— Je ne sais pas, je ne vis pas avec lui... Il n'y a pas de raison particulière. C'était juste que c'était le moment.
— Ah bon, à quelle heure ?
— À quelle heure ? Mais tu fais chier avec tes questions pourries ! Au lieu de jouer avec tes peluches, va sur Wikipédia, tu tapes coin-coin, et tu verras bien ce qui sort. »
Oui, je sais, ce n'est pas correct, mais là, je savais plus quoi répondre. Quand j'ai posé la question à ma femme, entre adultes, ça a été beaucoup plus rapide :
« Au fait, d'après toi, pourquoi les canards font-ils coin-coin ?

— Qu'est-ce ça peut te foutre ? Demande-toi plutôt pourquoi je m'ennuie avec toi. »

Moi non plus je n'ai pas vu le rapport, mais j'ai trouvé ça mesquin.

Collection

Ma femme fait la collection de livres de cuisine. Du moins, c'est ce que j'en ai conclu vu qu'elle n'a jamais essayé de faire une seule recette.

Colocataire

L'avantage de la colocation avec un ami, c'est que, à la fin de la colocation, il y a de grandes chances que tu aies perdu un ami.

La colocation, je ne sais pas si c'est bien pour un étudiant. C'est une vraie question : peut-on réussir ses études en vivant avec quelqu'un qui fait caca la porte ouverte et perd plus de poils dans la douche qu'un épagneul breton ?

Combustion

Il est dit que deux heures de combustion de barbecue équivalent en dioxines à 120 000 cigarettes. Au prix du paquet, il est donc plus avantageux de se finir au barbecue.

Comique

Un type dans la rue m'interpelle très sérieusement : « Hé ! Faut sourire ! Vous êtes comique ! » C'est dans ces moments-là que je suis content de ne pas être proctologue.

Communauté

On ne peut plus se moquer de personne. Dès qu'on touche à une communauté, on nous fait un procès en place publique dans l'heure, sans nous laisser le bénéfice de l'humour... Les seuls que l'on peut encore chatouiller, ce sont les sourds-muets. Un, parce qu'ils n'entendent pas les vannes et deux, parce que même s'ils ne sont pas contents, ils ne peuvent pas gueuler.

Complémentarité

En voiture, l'homme et la femme sont complémentaires. Les hommes ne savent pas par où aller alors que les femmes savent qu'il ne fallait pas passer par là.

Complexe

Ça me complexe de ne rien comprendre à la peinture. Pourquoi les gens restent-ils aussi longtemps devant les toiles ? Moi, même *La Joconde*, je me pose 20 secondes et je me dis :
« Ouais, OK, suivant...
— T'as vu son sourire ?
— Ouais, ouais... m'en fous... vieille bique... »
Il y en a qui s'assoient et qui restent des heures. Qu'est-ce qu'ils regardent ? Ils espèrent qu'elle bouge ou quoi ?
À mon avis, c'est parti d'un canular. Au début, il y a un mec qui a dû s'arrêter un quart d'heure devant le tableau, juste pour déconner, puis il est parti. Le mec derrière s'est demandé ce qu'il pouvait bien regarder aussi longtemps... et ça a fait boule de neige.
Je ne suis pas sûr, c'est une théorie. Mais essayez un truc. Allez dans n'importe quel musée. Arrêtez-vous devant un lampadaire, le plus moche, le plus banal. Si vous le fixez plus de 5 minutes, je vous parie qu'il y a des gens qui viendront l'admirer avec vous.

Compliment

« Comment ? Vous voulez savoir si vous êtes plus désirable qu'une star de ciné ? C'est difficile, Martine, une star de ciné est un rêve et vous, vous êtes... si concrète. »

Concert

Dans les concerts de rock, il y a des jeunes filles qui jettent leur petite culotte sur scène. Dans les concerts de vieux chanteurs, est-ce qu'il y a des femmes qui jettent des gaines ?

Conditionnement

Le plus difficile, c'est que les deux sexes pensent avoir les mêmes règles du jeu. Mais pas du tout, c'est une histoire de conditionnement.
Quand elle est jeune et vierge, on explique à une fille qu'il faut qu'elle prenne son temps. Qu'il faut qu'elle soit sûre de trouver quelqu'un qu'elle aime, qui méritera ce superbe cadeau, que ce moment ne sera inoubliable que s'il est habité par l'amour...
Alors qu'un garçon, on ne lui dit rien. À partir de 15 ans, il se fait juste traiter de puceau 10 fois par jour. Et on lui explique que ce n'est pas la peine d'attendre quelqu'un qu'il aime, non, il faut juste qu'il perde sa virginité très vite, quitte à se taper un canard ou un sac de sport !

Conduite des seniors

Moi je suis pour le 3e âge au volant, mais avec des pare-brise correcteurs, pour les gens qui voient mal.

Confidences féminines

Les filles ont souvent une meilleure amie à qui elles racontent tout. Mais vraiment tout. Si le mec est nul au lit, la meilleure copine le sait. Si le mec est bon au lit, la copine le sait aussi. Si le mec est excellent au lit, la copine se dit que c'est quand même plus difficile de trouver un mec excellent au lit qu'une meilleure copine. Donc elle part avec le mec.

Connerie

Pourquoi y a-t-il de plus en plus de cons ? Quel phénomène peut expliquer ce triste constat, cette croissance exponentielle beaucoup plus rapide que la courbe démographique ? Soyons lucides, on va tous devenir cons. Oui, en lisant ces lignes, vous vous rendez compte que chez certains de vos proches, le processus est déjà engagé, mais de toute façon on va tous y passer... C'est une épidémie. C'est comme les zombies. Vous avez déjà vu des films de zombies ? C'est le même processus, tu te crois à l'abri et boum ! Tu ne fais pas gaffe, tu te fais mordre par un con, tu deviens con. Je ne vois pas d'autre explication à cette prolifération.

Connivence

Il faut être très lucide : quelqu'un que tu croises très peu et qui, à chaque retrouvaille, te donne du « mon chéri » ou du « mon chaton », ce n'est pas obligatoirement quelqu'un qui t'aime bien. C'est souvent quelqu'un qui a juste oublié ton prénom.

Cons

J'ai l'impression que, d'années en années, il y a de plus en plus de cons au volant. Le type qui me voit tweeter en conduisant a l'air d'accord avec moi.

Conseil beauté

J'ai lu une interview d'une star qui nous révélait son truc beauté, 100 % infaillible et 100 % naturel : dormir 10 heures par jour ! Je me sens mieux depuis. Quand je pense à tous ces cons qui se lèvent pour aller au boulot ! Faudra pas qu'ils viennent chialer après s'ils sont moches !

Consignes de sécurité

Dans les avions, au décollage, les hôtesses nous indiquent les sorties de secours. Pourquoi ? « Excusez-moi, mademoiselle. Je ne voudrais pas vous déranger, mais il me semble que l'avion est en feu.

– Tout à fait, monsieur, mais ne vous en faites pas, il y a une sortie de secours.

– Ah OK, très bien. Mais qu'est-ce que je dois faire ?

— Vous pouvez sauter si vous le souhaitez.
— D'accord. Vous avez un parachute ?
— Ça ne sert à rien, monsieur. Dès que vous serez sorti, vous serez aspiré par le réacteur, comme un vieux pigeon.
— OK, alors je vais reprendre un Martini ! »

Conte

Quand j'étais petit, j'avais un ami qui était si sensible que sa mère changeait la fin des contes tristes. Je me suis toujours demandé si cela avait influencé sa vie d'adulte que sa mère lui raconte que, à la fin de *La Chèvre de monsieur Seguin*, la chèvre couche avec le loup.

Contradiction

Un lieu commun dit que les femmes conduisent plus mal que les hommes. Pourtant les statistiques montrent qu'elles ont moins d'accidents que les conducteurs masculins. Conclusion : les hommes ont des accidents en évitant les femmes.

Contrat

Si vous voulez me faire paniquer, mettez-moi un contrat entre les mains. Je ne maîtrise pas cette langue et le pire, c'est qu'elle ne m'intéresse pas. Je le regrette car, à l'avenir, on aura des contrats pour tout, pour se protéger les uns des autres. Si on avait des contrats d'amitié bien ficelés, on aurait sans doute moins de déception dans les moments difficiles, avec des clauses de non-abandon, d'interdiction d'arrêter de prendre des nouvelles...
Mine de rien, avec les réseaux sociaux, on sort du tout oral, toutes nos promesses à l'autre sont consignées, toutes nos phrases faussement définitives sont archivées, tous nos emballements peuvent ressortir.
Et si un jour tout cela avait une valeur juridique ? Si tout ce qu'on écrivait avait valeur de contrat ? On écrirait sans doute moins de

que ça ! Mais ça va, arrête de chialer, tu ne viens pas de recevoir un César ! Quoi un monstre ? Tu n'as pas le droit de m'insulter. Relis le contrat !

Article 9 : *En cas de litige entre les deux parties, le contractant se comportera comme un gros salaud et ce, sans aucun scrupule.*

Sans aucun scrupule, tu vois !

Article 10 : *Service après-vente, si au bout de quelques années le contractant est nostalgique, il pourra renouer avec la maîtresse en lui exprimant ses regrets de s'être comporté comme à l'article 9 et en lui promettant de bientôt quitter sa femme. Appliquant à elle-même la clause de la bonne poire, la maîtresse abandonnera toute relation qu'elle aura pu commencer dans l'intervalle et reviendra auprès du contractant pour vivre à nouveau dans le mensonge, la naïveté et la détresse sentimentale.*

Eh ben tu vois, y a de l'espoir... »

Conversation d'autoroute

Comme je fais beaucoup de tournées, je voyage souvent avec des semi-inconnus, qui se sentent toujours obligés de me parler. Comme si c'était compris dans le prix du voyage ! Alors je laisse faire, et je note sur un petit calepin toutes ces amorces de conversation qui finissent neuf fois sur dix dans le pare-brise.

Je vais vous donner un exemple pour que vous compreniez bien. On était sur l'autoroute A6, on venait de manger dans une station-service. On reprend notre chemin. Je sentais bien que mon chauffeur était chafouin – quelque chose le travaillait. Trente kilomètres se passent et, là, je sens comme une illumination, comme s'il avait eu une révélation. Il se tourne vers moi, et il me dit : « Les sandwichs triangle, en fait, c'est des sandwichs carrés coupés en deux. » Je n'ai pas su quoi répondre. Il y a des moments, devant le génie, tu t'inclines...

Donc si vous vous retrouvez enfermé dans un habitacle de voiture avec un inconnu peu inspiré, voici quelques amorces de conversation qui pourraient surgir lors de votre voyage :

- « Autoroute FM, tu vois j'aime bien. Mais quand je suis chez moi, je n'écoute pas. »
- « Sur le panneau lumineux, quand il y a écrit "moins vite, plus loin", tu crois qu'ils veulent dire que si tu roules moins vite, tu as plus de chances d'aller plus loin ou juste que plus loin, faudra que tu ailles moins vite ? »
- « Si tu arrives au péage de sortie et que tu n'as pas d'argent, pas de carte, pas de monnaie, rien... Tu crois qu'ils peuvent t'obliger à te prostituer sur une aire d'autoroute ? »
- « Tu vois, ils mettent sur les panneaux "attention chevreuils". Moi, je n'en ai jamais vus. Je crois que c'est de la publicité mensongère. »
- « Tu dors ? Hein, tu dors ? Ho, tu dors ? » Une fois l'autre réveillé : « Non, rien, c'était juste pour te dire que si tu as envie de dormir, n'hésite pas. »
- « Moi j'aime bien avoir un GPS sur l'autoroute. Parce que comme c'est tout droit, au moins, il la ramène moins sa grande gueule. »

Correspondance

Le langage texto et les nouvelles technologies ont permis une nouvelle forme de correspondance, plus succincte, moins ampoulée. Par exemple, mes passages télé m'ont permis de recevoir des messages charmants d'inconnus comme : « T'es trop cheum, t'as une sale gueule, FDP ! » Cheum, bon, c'est le verlan de moche, ça, je maîtrise. FDP, je pense que c'est une formule de politesse que tu mets en fin de phrase, quand tu es trop pudique pour mettre « bisous ». En gros, ça veut dire : « Monsieur, veuillez agréer l'expression de mes hommages à votre maman qui fait vraiment un joli métier ! » À chaque fois, je me pose la question : pourquoi la personne a-t-elle eu besoin de m'envoyer ce message ? Est-ce qu'il y avait vraiment urgence à m'informer que j'avais une sale gueule ? Est-ce que la personne pensait sérieusement que je n'avais pas déjà l'information ? Mais ça, c'est le courage de l'anonymat...

Heureusement, je reçois aussi des messages plus sympathiques, même s'ils sont tout aussi étranges. Un soir, une mystérieuse inconnue : « Je t'ai regardé ce soir, j'ai bien compris que tes petits regards en coin, c'était pour moi. » Comment rester diplomate ?

« Euh, désolé, mais je ne pense pas avoir fait quoi que ce soit...

— Si, si, si... j'ai bien vu que quand j'étais sur mon canapé, tu me fixais !

— OK... Madame, il va falloir être très courageuse mais la télé, ça ne marche que dans un sens. Sinon, on appellerait ça une vitre. »

Coucher avec son psy

Évidemment qu'il y a des histoires dans les cabinets des psys. S'il n'y avait rien, ils ne mettraient pas des divans dans leurs cabinets, ils mettraient des tabourets.

10 % des psys auraient eu une relation érotique avec leur patient. Deux questions me viennent :

- Dans ces cas-là, est-ce que la consultation est au même prix ?
- Et est-ce que le psy doit rentrer à nouveau en analyse pour comprendre pourquoi il couche avec des patientes ?

Couple

Ça va peut-être vous surprendre mais moi, ça fait 15 ans que je vis avec la même femme. Oui, je sais, c'est rare de nos jours.
Et si je suis avec elle depuis 15 ans, c'est pour une raison essentielle : je n'ai pas été beaucoup sollicité. Il faut être honnête... Un mec fidèle, c'est souvent un mec qui n'a pas d'opportunités.

Couronne mortuaire

C'est compliqué de trouver la bonne phrase à inscrire sur une couronne mortuaire. Un jour, à court d'inspiration, j'ai voulu faire sobre et j'ai fait marquer « Plaisir d'offrir ». On ne m'a plus jamais invité.

Courses

C'est très étrange d'être reconnu. Dans les magasins, les gens me suivent... pour savoir si c'est bien moi, pour savoir s'ils n'ont pas rêvé. « Il a pris des petits-suisses, ce n'est pas lui ! » Parce qu'ils ont du mal à imaginer que quelqu'un de la télé fasse ses courses lui-même. Je ne sais pas, ils doivent penser qu'on a des frigos magiques qui se remplissent tout seuls ou que des gens mettent des bacs à graines devant leur télé pour qu'on se nourrisse entre deux émissions.
C'est très déstabilisant. Il m'arrive de me faire suivre dans les rayons, juste pour savoir ce que j'achète. Quand je fais mes courses, je n'ose plus acheter du papier toilette, j'ai peur de décevoir les gens.
« Quoi, du papier toilette ! Mais alors, ça veut dire que... vous êtes comme nous ?
— Oui.
— Non, mais pourquoi ? Pourquoi ? POURQUOI ? »
Ils sont déçus, vraiment. Alors moi, comme j'ai bon cœur, je leur dis que je plaisantais, que le papier toilette, il n'est pas pour moi, que je l'achète pour faire un cadeau à un ami. Et hop, ça va mieux ! Ils sont contents !

Coût

120 000 euros, c'est la dépense moyenne pour un enfant le temps où il dépend de sa famille. C'est pour ça que, dans les Porsche, il n'y a pas de banquettes pour les enfants. Ceux qui ont une Porsche ont fait un choix.

Cracheur de feu

Les cracheurs de feu, c'est pratique quand tu fais un barbecue. Sinon, je ne vois pas bien l'intérêt...

Crash

Les compagnies aériennes interdisent à leurs voyageurs de fumer dans les avions. Pourtant il y a des crashs aériens. Donc, si je comprends bien, les voyageurs ont le droit de brûler, mais pas de faire de fumée.

Création

J'aime monter sur scène et ne rien dire car j'ai découvert un truc super : quand je suis sur scène, même sur les silences, je touche des droits d'auteur. Je vous assure, c'est dégueulasse, mais en restant muet, je gagne des sous... Parce qu'oser ne rien dire sur scène, c'est considéré comme de la création. Ou du foutage de gueule, ça dépend si vous êtes assis sur scène ou dans la salle.

Crêpe

Je dois avouer que j'aime beaucoup les crêpes industrielles. J'en ai toujours dans ma poche. Je n'ai jamais réussi à en manger une seule, mais c'est quand même bien pratique en cas de rhume.

Crise

« Pourquoi je veux ce poste de manutentionnaire ? Ben, parce que j'ai raté le concours de facteur. Oui, c'est drôle ! Je vous demande pardon ? Oui, ça se rate un concours de facteur... Il faut dire que ça a beaucoup évolué. Avant, pour être facteur, il fallait surtout savoir faire du vélo mais maintenant, avec la crise de l'emploi, c'est mieux d'avoir un diplôme. N'importe lequel mais haut. Ah si, moi avec mon bac + 5, j'étais un peu juste. J'aurais fait médecine, je pense que je l'aurais eu ! »

Culture

Vous avez tous vécu ce moment où, dans une conversation, tout le monde se met à parler d'un livre en s'extasiant et en vous faisant comprendre que celui qui ne l'a pas lu... c'est un abruti.

Je n'ai pas de bol parce que le bouquin dont on parle, c'est rarement le dernier *Télé 7 Jours*. Donc l'abruti, c'est souvent moi.

« Non mais ce livre est formidable, c'est un vrai chef d'œeeeeeeeeeeeeuvre ! Tu souffres avec le héros. Cet homme qui vend ses organes un à un pour nourrir ses enfants, c'est fort ! Mais si, c'est fort, c'est tellement rare des gens qui vendent des reins, des poumons, pour manger. Et surtout c'est tellement juste, tellement crédible ! Qu'est-ce que tu en penses, Jean-Luc ?

— De quoi, qu'il vende ses organes ? Moi, je suis plutôt pour... enfin si ça ne lui manque pas.

— T'es con... Non, mais sérieusement, pour moi ce livre, c'est du Zola... enfin Zola qui aurait couché avec Bret Easton Ellis. Toi, tu le résumerais comment ?

— Euh... ce livre... pour moi, ce n'est pas un livre, c'est un cri. »

Oui, ça ne veut rien dire, mais je vous assure qu'avec une phrase aussi conne, vous pouvez passer pour quelqu'un de très intelligent.

Cuisine

Les Japonais ont une cuisine très inventive : les sushis, les gyozas, les makis... Alors pourquoi quand tu veux prendre un dessert dans un restau japonais, tu as le choix entre un citron givré et un Mystère ?

Culpabilité enfantine

J'aime bien montrer *Bambi* à des enfants. Plusieurs fois. Jamais jusqu'au bout... À chaque fois, on s'arrête à la mort de la mère de Bambi. Tous les gamins chialent. Ils sont tous là à espérer que pour une fois, elle s'en sorte. Ben non ! « Couic ! » Ils sont méchants, les chasseurs !

« Quoi, Kevin ? Si la maman de Bambi va s'en sortir ? Je n'en sais rien, ça dépend si tu es sage... Si elle meurt, ça sera de ta faute ! »

J'aime bien les faire culpabiliser. Après, ils te laissent tranquille pour le reste de l'année. Ce qu'il faut garder en tête, c'est qu'un enfant dépressif est un enfant calme.

D

Lettre la plus sérieuse de l'alphabet à qui on a confié la Droiture, le Dévouement et la Dictée pour surveiller l'orthographe de tout le monde.

Permet aussi de corriger des actions : défaire, démonter, décharger, déglinguer. Même si on ne sait toujours pas à quoi correspond l'action de « glinguer » quelqu'un ou quelque chose.

Dame pipi

Faudrait arrêter d'appeler les femmes qui font l'entretien des dames pipi. C'est très discriminant. Donc, j'ai réfléchi à une nouvelle appellation pour ces travailleuses spécialisées dans les petits ruisseaux corporels : je propose « Technicienne de surfaces humides », « Préposée aux versements en liquide » ou « Vraie convaincue des fosses septiques ».

Danse

Quand je danse, tout le monde pense que je fais une manif pour Handicap international.

Décoration

Les gens qui mettent sur l'étagère de leur chambre les lettres du mot « Chambre » ? Excusez-moi, mais une pièce fermée avec un lit, et deux tables de nuit, il y avait déjà un indice quand même...

Déformation professionnelle

La télé, ça te change tous tes repères. Moi, quand j'arrive sur un plateau d'enregistrement, tout le monde m'applaudit. C'est normal. Alors pourquoi les gens ne m'applaudissent pas quand j'arrive au Monoprix ? Hein ? Je crois qu'ils sont cons au Monoprix !
Eh oui, maintenant je suis déformé. Quand je fais un chèque, je signe « amitiés, Jean-Luc Lemoine » !

Déjection canine

Il ne faut pas avoir honte, il ne faut pas avoir honte... On sait comment ça se passe, tu ramasses une déjection de ton chien au moment où tu croises une superbe jeune fille. Et qu'est-ce que tu lui dis à ce moment-là ? « Excuse-moi, je suis à toi tout de suite, il faut juste que j'aille poser ma crotte ! »

Vous avez déjà observé le regard du chien qui fait ses besoins et qui se rend compte que vous le regardez ? Il y a à la fois du dépit, de la détresse et même de la surprise. Il y a du dépit de vous voir aussi curieux et de la détresse de ne pas pouvoir chier tranquille. Il ne comprend pas pourquoi vous le regardez. Et c'est normal ! Imaginez-vous à sa place. Vous êtes aux toilettes et face à vous, il y a un type qui vous regarde faire caca, ce qui n'est déjà pas très naturel… C'est vrai, c'est gênant mais bon, supposons. Le type vous regarde, en vous faisant comprendre que ça serait bien que vous fassiez vite. Vous, vous n'avez qu'une seule envie, c'est de lui dire : « Si tu me regardais pas, ça irait peut-être plus vite, abruti », mais bon, vous le faites pour lui faire plaisir. Là, vous vous dites que le cauchemar est terminé, mais pas du tout ! Dès que vous avez fini, le type se précipite sur votre crotte, il la met dans un sac et il part avec. Personne ne supporterait ça ! Pour les chiens, nous sommes des pervers fétichistes.

Déjeuner en famille

La franchise avec sa belle-mère est-elle vraiment une bonne chose ?

« Vous reprendrez bien du gigot ?

— Oh non.

— Pourquoi ?

— Ben… parce que ce n'est pas bon. Ah non, ce n'est vraiment pas bon. Une tranche, je veux bien faire semblant, mais là il ne faut pas pousser. Je crois que je préfère manger du pain. Vous n'auriez pas du pain ? Même du vieux, je m'en fous. »

Délinquant du 3e âge

Les vieux dans les cités avec leurs caniches abricot, ils sont ingérables. Et contrairement aux jeunes, on ne peut pas les contrôler avec les grands frères parce que leurs grands frères, ils sont morts.

Déménagement

Quand tu veux déménager, que tu es connu et que tu fais visiter ton appartement, ça peut vite devenir compliqué. Le mec sonne, il tombe sur toi. Surprise ! Il fait un signe discret à sa compagne. Enfin, discret si on a 1 à chaque œil... Et comme c'est un malin, il fait celui qui ne t'a pas reconnu. Seulement, quand il commence à visiter l'appartement, il ne regarde plus l'état des murs ou de la tuyauterie, non, il regarde tes DVD, comment tu as décoré ta chambre, s'il pouvait, il fouillerait dans tes placards pour essayer ton pyjama. Le mec, il cherchait un appartement, il a l'impression d'avoir découvert une pyramide égyptienne. Il n'en a plus rien à faire de l'état des lieux. Tu as beau lui dire que quand tu déménageras, il y a de grandes chances que tu partes avec les magazines posés sur la table du salon, il les regarde quand même !
Certains sont revenus jusqu'à 5 fois, accompagnés à chaque visite d'un ami différent. À la fin, on était moins dans la recherche d'appartement que dans le tour-opérateur.

Dénomination

Souvent dans les villes, pour nommer un restaurant, on regarde ce qu'il y a à côté, genre : « la brasserie du théâtre », « la crêperie de la mairie ». Mais pourquoi on n'a jamais la « pizzeria du cimetière » ?

Dentiste

Mon dentiste est la personne à qui je souhaite le plus de bien. Je veux qu'il soit toujours heureux. Parce que, pardon, mais quand tu es dans la salle d'attente et que tu vois ton dentiste arriver à son cabinet en pleurant et en claquant la porte, juste avant de te mettre la fraise dans la bouche, il faut vraiment avoir confiance en ton karma.

Dératisation

La dératisation tient dans une logique de régulation des naissances. Est-ce que ça ne serait pas moins cruel de leur distribuer des préservatifs ?
Le rat peut sauter jusqu'à 1 mètre de haut. Je l'ai appris. Je ne sais pas qui a fait le calcul, mais c'est important à savoir si vous comptiez mettre du fromage dans votre slip.

Dérèglement climatique

Avant, on pouvait dire : « On va au ski. » Maintenant, on peut juste dire que l'on va à la montagne. Et ce n'est qu'une fois sur place que tu sais pourquoi tu es là.
C'est bien pour la mode. Tu avais les fringues d'hiver et les fringues d'été, aujourd'hui, avec le dérèglement climatique, il va falloir faire des fringues intermédiaires, comme les strings anorak ! Ou les moon-tongs, croisement entre les moon-boots et les tongs !

Descendance

L'avantage de l'homme sur la femme, c'est que si le bébé est moche, il n'est pas obligé de le reconnaître.

Dessin animé

J'aime les dessins animés diffusés la nuit sur les chaînes jeunesse. Vers deux heures du matin. C'est idiot, mais dans mes moments de déprime, ça me réconforte de me dire qu'il y a des 4-6 ans insomniaques.

Destin

J'étais en voiture en train de rouler tranquillement quand, d'un seul coup, je sens un gros choc à l'arrière. Je sors furieux, prêt à insulter sur 3 générations le responsable de l'impact et je tombe sur une jeune fille, franchement désolée, et surtout franchement charmante. Ça m'a

calmé tout de suite. Mais bon, il ne s'est rien passé, on a juste fait un constat.
Un an plus tard, je sors d'une place de parking un peu vite et là, choc latéral. La même jeune fille ! On a refait un constat, un peu troublés, en se disant qu'il n'y avait pas de hasard. On est resté ensemble 5 mois. Je l'ai quitté quand elle a eu d'autres accidents. Je pensais que c'était le destin qui nous avait réunis, mais non, c'est juste qu'elle conduisait comme une truffe.

Détective

Un détective privé, quand il accepte de témoigner à la télévision, est-ce qu'il se rend compte qu'il devient un détective public ?

Différence d'âge

« Vous vous trouvez trop âgée pour moi ? Mais non... Quel âge avez-vous ? Ah, quand même ! Et alors, vous êtes une enfant, Martine... par rapport aux montagnes. »

Différence garçon/fille

Première différence, les filles rangent alors que les garçons posent. Pour une fille, ranger, c'est dans un tiroir ou dans un placard. Pour un garçon, ranger, c'est tout ce qui n'est plus par terre. Une chaussette sale par terre ? Le garçon la prend, la pose sur une commode : hop, pour lui, elle est rangée !
Deuxième différence, les filles aiment se promener alors que les garçons aiment aller quelque part. Il leur faut un but.
« On va se promener ?
— Si tu veux, pour aller où ?
— Je ne sais pas, pour se promener.
— Oui, mais on ne va pas marcher pour marcher.
— Ben si. »

Je ne sais pas pourquoi elles font ça. Ce plaisir à marcher pour rien. Elles sont comme ça : « Oh, c'est joli ! » Elles aiment marcher, sans réfléchir. C'est peut-être pour ça...
Troisième différence, à la fin des repas, les garçons veulent des desserts alors que les filles veulent... partager. Enfin, quand elles disent partager, que l'on soit bien clair, c'est partager le dessert du garçon !
« Parce que tu comprends si j'en prends un entier, ça fait trop. Non, non, vraiment, je n'y arriverai pas. N'insiste pas, je n'y arriverai pas. »
Là, c'est intéressant, on voit qu'elles manquent de confiance en elles parce que, la plupart du temps, elles arrivent à le finir, le dessert...
D'un autre côté, et c'est la quatrième différence, c'est vrai que nous ne sommes pas égaux face au poids. Un mec qui prend du ventre, il devient rassurant alors qu'une fille qui prend du poids, elle devient inquiétante.
Mais tout n'est pas négatif, parce que ces différences font que nous sommes complémentaires. En restant sur la nourriture, ce sont les filles qui ont appris aux garçons que le vert pouvait aussi être une couleur de légume. Les mecs, ils ne savaient pas que ça existait les légumes verts. Il faut dire aussi que la plupart des garçons pensent que les coquillettes sont des légumes...
C'est important de bien connaître ces différences entre les deux sexes. Ça permet de mieux vivre ensemble, de mieux appréhender l'autre. Par exemple, c'est parce qu'elles connaissent bien les garçons que les filles savent que quand ils font l'amour, il est important qu'elles donnent du plaisir au garçon. Et cela va dans les deux sens. Quand ils font l'amour, le garçon sait qu'il est important que la fille lui donne du plaisir !

Dilemme

Boire ou conduire, il faut choisir. Et si tu ne sais pas conduire, c'est quoi ton choix ?

Discount

Comme on essaie de nous refourguer toutes sortes de produits *low cost*, je pense qu'on aura bientôt des voitures avec des airbags à gonfler soi-même au moment de l'accident ! Si tu as du souffle, c'est hyper avantageux. Sinon, tu meurs avec une baudruche à la bouche. Et les gens mettront sur ta pierre tombale : « Jusqu'au bout, il a eu le sens de la fête. »

Discrétion

Dans le train, le mec en face de moi fait semblant d'écrire un texto pour me prendre en photo. Gentiment, je lui dis que j'ai compris son manège. Il s'énerve :

« Pas du tout ! Ça va, la mégalo ? Qu'est-ce qui vous fait dire ça ?

— Pas grand-chose mais un conseil : la prochaine fois, si vous voulez être discret, enlevez le flash ! »

Le mec a rougi.

Disque

Je l'ai écouté en voiture. C'est un album qui donne envie de foncer, d'arriver vite à destination pour sortir de la voiture.

Divorce

Peu de gens en parlent mais au moment du divorce, un des gros sujets de tension est : qui va garder l'animal de compagnie ? Moi, je pense qu'il faut qu'il reste avec celui qui l'a allaité.

Ou qu'il faut faire confiance aux gens qui voient la situation de l'extérieur, qui ont un regard objectif. S'ils disent : « Oh, c'est un chien à sa mémère, ça ! », c'est la femme qui le garde ; en revanche, s'ils disent : « Oh, c'est un chien à son pépère, ça ! », c'est l'homme.

Et si le type est aveugle, même si sa femme aime son chien, il vaut mieux que ce soit lui qui le garde.

Documentaire animalier

On apprend plein de choses si on s'aventure dans les chaînes à 3 chiffres de la télécommande. Sur une chaîne animalière, j'ai découvert le couscous. C'est un petit marsupial aux yeux exorbités, comme s'il avait fait du *binge-watching* sur Netflix 15 jours non-stop. Si vous lui mettez une couronne sur la tête, vous avez un couscous royal. Du moins, j'imagine.

Dopage

Sur quel animal est testé un produit dopant ? Parce qu'un hamster qui prend de l'EPO, avec la roue de sa cage, il peut faire ventilateur, et là, ça devient intéressant.

Doudou

Moi, je suis pour les doudous, les peluches, mais comme je n'assume pas – de peur d'être ridicule –, je sors avec des femmes poilues.

E

Lettre servant essentiellement à gagner du temps entre deux questions sur lesquelles on sèche : « Eeeeuuuuh... C'est-à-dire que ce n'est pas aussi simple que ça... Eeeeuuh... »

Ébat

Je fais l'amour dans le noir. Je ne suis pas pudique, je couche avec des moches.

Ébriété

Même sans éthylotest, il y a plein de moyens pour se rendre compte que tu as trop bu. Par exemple, quand tu rentres dans ta voiture et que tu paniques parce qu'on t'a volé ton volant. Là, tu sais que tu as dépassé la limite car tu t'es juste assis sur la banquette arrière.

Échangisme

L'échangisme, je ne vois pas trop l'intérêt. Sauf si ton conjoint est laid.

Échec

Sur les réseaux sociaux, il y a toujours des gens qui viennent vous rappeler vos échecs. Vous ne pourrez pas y échapper. Ce sont des personnes qui ne vivent que pour compiler les accidents des autres et ainsi se trouver une légitimité virtuelle, des bousiers 2.0.
Mais n'oublions jamais une chose : l'avantage quand tu te plantes… ça veut au moins dire que tu as essayé de faire quelque chose.

Échographie

Pourquoi, quand on a la faiblesse de montrer une échographie de son enfant, il y a toujours un abruti qui se sent obligé de dire :
« Oh c'est toi ! C'est tout toi ! Ah si, on te reconnaît !
— Pardon ? OK, donc je ressemble à un haricot qui a une tête aussi grosse que le reste de son corps… Finis ton verre, je prépare ton manteau. »

Écologie

Un bain, c'est 250 litres d'eau, une douche, c'est 50 litres. Moi, je suis pour le développement durable, je ne me lave plus. De toute façon, c'est écologique, il y a des petites bêtes qui viennent me manger dessus quand je suis trop sale.

Économie

On ne peut pas faire des économies sur tout. Sur certaines choses, tu as besoin d'être rassuré. Je ne suis pas sûr d'acheter des préservatifs chez Lidl, par exemple. Je sais, c'est idiot, mais c'est comme ça, je n'ai pas confiance. En plus, vis-à-vis de la fille, ça me gêne, ça fait radin. Non, mais tu imagines... Tu es dans un moment intime. Tu sors ton préservatif. Avec le gros logo Lidl dessus, ça envoie du rêve. La fille sait que tu la respectes.

Écrivain

Il écrivait très bien. Surtout les F.

Édition

Il y a des jours sans, des jours avec, des jours avec un petit peu, des jours avec rien du tout, des jours où sans rien dire d'intéressant, on vient quand même d'occuper trois lignes d'un livre.

Éducation sexuelle

Les jeunes d'aujourd'hui sont quand même plus informés que ceux d'hier. Mal informés, pour ceux qui confondent films porno avec documentaires, mais plus informés quand même. Moi, la seule éducation sexuelle que j'ai reçue, c'était un diaporama avec un plan de coupe des testicules et l'affirmation que la masturbation rendait sourd. Résultat, j'ai eu mon premier rapport la semaine dernière...

Ego

Son problème, c'est qu'il avait rencontré l'amour en se regardant dans un miroir.

Égocentrisme

Je n'aime pas les filles à problèmes. Leurs soucis, leurs états d'âme, je préfère qu'elles les gardent pour elles, que ce soit leur petit jardin secret. Non, parce que j'en ai connu une qui me racontait tout ce qui lui arrivait, c'était chiant. Elle était très autocentrée. En plus, comme elle se focalisait sur ses problèmes, elle n'avait pas la tête à écouter les miens.

Élections

Je crains une grosse abstention. J'ai été dans l'isoloir, il n'y avait personne à part moi.

Émoticônes

Quand tu mets des émoticônes partout dans tes messages, est-ce que tu considères que ton interlocuteur est trop con pour comprendre tout seul l'ironie ?

Enfance

Mon fils est un génie. Quand il veut quelque chose, il va voir sa mère et il hurle sur tous les tons.

« Chocolat ! Je veux du chocolat !

— Non, sinon tu ne vas rien manger ce soir.

— Je veux du chocolaaaat...

— J'ai dit non !

— S'il te plaît ! S'il te plaît ! S'il te plaît !

— J'ai dit non !

— JE VEUX DU CHOCOLAT !!!

— ...

— ...

— OK. Mais c'est la dernière fois. »

Oui, au bout d'un moment, tu lâches l'affaire. Parce que tu finis par rationaliser. Tu vois ton enfant tout rouge, avec les veines du cou gonflées à force de hurler, tu te dis : « Est-ce que ça vaut le coup qu'il explose pour un Kinder ? »
Donc, je me suis dit que c'était une bonne méthode. Je suis allé voir ma femme et je lui ai dit :
« Je veux une maîtresse !
— Quoi ?
— Je veux une maîtresse !
— T'es malade ou quoi ?
— Je veux une maîtresse !
— Bon, d'accord. Mais c'est la dernière fois. »
Les enfants ont tout compris. On devrait tous les imiter.

Enfant

Je n'aime pas les enfants qui te réveillent à 7 heures du matin le week-end ! Je voudrais des enfants avec la fonction « snooze ». Tu leur tapes sur la tête, ils se rendorment pour un quart d'heure.

Énigme

Il y a une semaine, sur la table du salon, j'ai trouvé un mot de ma femme qui disait : « Ce qui est formidable avec toi, c'est que depuis le premier jour, rien n'a changé : je m'ennuie toujours autant. Intellectuellement, tu es si limité. Tu ne comprends jamais rien. Je me suis posé une question : est-ce que je dois renoncer à toi ou au bonheur ? Devine ce que j'ai choisi. »
Elle est chiante avec ses devinettes, elle aurait au moins pu donner la réponse. Là, ça fait 7 jours que j'attends. Qu'est-ce qu'elle a bien pu choisir ?

Entraide

On ne parle pas assez de l'entraide dans notre capitale. Tu es dans ta voiture au feu rouge. Dès que le feu passe au vert, il y a toujours quelqu'un qui klaxonne pour te le signaler. Au cas où tu serais aveugle et que tu conduirais quand même. Si, si, cela arrive, les aveugles qui n'ont pas les moyens de s'acheter un chien, ils prennent une voiture, à Paris. En plus, ils y gagnent parce que c'est vrai que c'est rare des chiens avec des autoradios. Avec le chien, si tu veux de la musique, tu es obligé de lui donner des coups de pied. Et c'est là où on voit que le chien est intelligent parce qu'au vingtième coup de pied, même s'il n'a pas été dressé pour ça, il te fait traverser l'autoroute.

Enfin bon, je vous parlais de l'entraide... Dès que le feu passe au vert, le mec klaxonne comme un malade et te glisse un petit mot d'encouragement, du genre : « Ça te ferait mal au cul de bouger ta chiotte, connard ? » Ah oui... « connard », c'est un petit nom affectueux que l'on donne aux gens quand on ne les connaît pas. Comme « enculé » à Marseille sauf qu'à Paris on le pense vraiment ! Moi, ici, y a tellement de gens différents qui m'ont appelé « connard » que j'ai longtemps cru que c'était mon nom de famille.

Envie

Je serai jaloux de la réussite professionnelle des autres quand on me prouvera que leur échec garantirait mon succès.

Équipe de France

J'aime quand l'équipe de France remporte de grandes victoires, quand nous déjouons les pronostics les plus sombres et mettons à terre les nations adverses. Parce que, oui, c'est une particularité du football, quand on gagne, c'est « nous » qui gagnons tous ensemble et quand on perd, ce sont ces enfoirés de footballeurs trop payés qui perdent tout seuls. C'est comme ça.

Escroc

Je ne comprends pas la naïveté des gens qui se font arnaquer. C'est pourtant facile à repérer un escroc, ils ont tous les mêmes caractéristiques ! Dans les grands reportages, les méchants ont toujours les visages flous et des voix déformées. Si tu croises quelqu'un avec un visage flou et une voix déformée, méfie-toi !

Espace

Les astronautes disent que, d'en haut, on voit nettement la pollution autour du globe. Donc, finalement, à quel moment faut-il le plus de courage, au moment de partir de la Terre ou au moment d'y revenir ?

Espèce menacée

C'est important que les gens sachent que les curés sont en voie de disparition. Peut-être qu'ils feront plus attention à eux et qu'ils arrêteront d'acheter des sacs en peaux de curés.

Espionnage

C'est une dure tâche d'être parent. Un de mes amis a offert à sa fille un téléphone trafiqué parce qu'il se faisait du souci pour elle, il avait peur qu'elle fasse de mauvaises rencontres. Il a lu tous ses textos. Eh ben maintenant il est encore plus inquiet parce que, en voyant la platitude de ses échanges par SMS, il se demande si sa fille ne souffre pas d'une légère déficience mentale.

Espoir

Pour les hommes qui ont du mal à séduire les femmes, je leur conseille la patience. J'ai longtemps observé les filles célibataires et leur degré d'exigence est très fluctuant... Avant 20 ans, elles ne rêvent que de mecs inaccessibles. De 20 à 30, elles essaient de trouver dans leur entourage des mecs qui ressemblent vaguement à ces mecs inaccessibles. Après 30 ans, si le mec est gentil, ça peut suffire.

Essence

Le seul avantage de la hausse du prix du carburant, c'est que ça change tes perspectives. Par exemple, mes parents, à Noël, je leur ai offert un plein.

Esthétique

Petite astuce beauté conso pour les femmes : allez vous faire épiler les jambes en hiver, de préférence quand il neige. Oui, parce que quand il fait froid, c'est là qu'il y a de la place chez l'esthéticienne. Tout comme je vous conseille, Mesdames, de vous faire faire le maillot au même moment. Vous pouvez négocier des ristournes.
Je sais que ça ne sert à rien, mais ce n'est pas plus idiot que d'acheter des trucs dont on n'a pas besoin sur Internet, juste parce que ce n'est pas cher.

État d'esprit

Les mecs croient beaucoup plus aux miracles que les filles. Le mec vénère le frigo parce qu'il est persuadé qu'il se remplit tout seul alors que la fille n'a pas cette capacité d'émerveillement. Elle préfère passer son temps à ronchonner comme quoi elle va encore devoir se taper les courses. Oui, parce que les filles aiment ronchonner. Je ne sais pas pourquoi, c'est dans leur nature. En règle générale, on peut même dire qu'elles sont négatives. Si, je vous assure, moi, quand je demande à une fille de sortir avec elle, la plupart du temps, elle me dit non. C'est bien qu'elle est négative !

Éthylotest

On devrait mettre un éthylotest à la sortie des boîtes de nuit. Si le contrôle est positif, interdiction de prendre le volant et surtout interdiction de repartir avec un(e) inconnu(e) rencontré(e) dans la soirée. Ça éviterait bien des problèmes au réveil.

Étranger

Pourquoi, quand un étranger nous demande son chemin, huit fois sur dix, on lui répond en parlant fort et en articulant à s'en décrocher la mâchoire, comme si on voulait qu'il puisse lire sur nos lèvres ? Cela veut-il dire que, aux douanes, ils ont des consignes très strictes visant à ne laisser entrer sur le territoire que des étrangers sourds ?

Études tardives

Un homme de 88 ans a décidé de passer son bac ES. J'espère que ça lui permettra de trouver du boulot.

Évidence

Un type me reconnaît dans le métro :

« C'est vous ? Mais, pourquoi vous prenez le métro ?

— Ben, pour me déplacer.

— Ah oui... Comme nous, en fait. »

Je n'ai pas su quoi répondre.

Excuses

J'ai passé beaucoup trop de temps à essayer de justifier mes refus.

« Samedi soir pour dîner ? Oui, euh non, j'ai oublié, j'ai déjà... un enterrement. Hein ? Oui, en soirée, tout à fait. Parce que ce n'était pas possible l'après-midi. Pourquoi ? Parce que... c'est un enterrement spécial. Il y a David Guetta qui vient mixer. Le samedi suivant ? Oh ben, oui alors. »

C'est nul. Maintenant, quand on me propose, je réponds :

« Samedi soir pour dîner ? Euh non. Pourquoi ? Ben, parce que je ne t'aime pas trop. Et comme ta femme a la conversation d'une serviette-éponge, franchement je pense que je vais me faire chier. Mais surtout ne le prends pas pour toi. »

Exercice de simulation

À faire trop d'exercices, on finit par ne plus croire en rien.

Rappelez-vous, à l'école, les simulations d'incendie. Très efficaces, parce que personne n'y croyait et que tout le monde mettait deux heures à sortir du bâtiment. Je n'ai jamais compris l'intérêt de la manœuvre... À mon avis, c'était juste pour faire plaisir au directeur d'établissement qui, après, pouvait mettre dans son rapport : « La simulation s'est très bien passée. C'est à la fois étonnant et rassurant, mais, en cas d'incendie, les élèves ne sont pas du tout paniqués et sortent en marchant. Ils gardent même leur sens de l'humour puisque beaucoup m'ont fait des bras d'honneur. »

Expression approximative

Les gens qui t'expliquent sérieusement que, niveau carrière, ils ont décidé de prendre un virage à 360°, se rendent-ils compte qu'ils sont juste revenus au point de départ ?

Extraterrestre

Pourquoi n'y a-t-il plus d'OVNI ? Quand j'étais gamin, on avait régulièrement à la télé des reportages sur ces formes étranges apparues dans le ciel, des photos floues et inquiétantes dans les magazines, des témoignages de présentateurs ayant rencontré des êtres venus d'ailleurs... Maintenant, il n'y a plus rien !

N'est-ce pas inquiétant de se dire que, aujourd'hui, même les extraterrestres trouvent la Terre trop abîmée pour en faire une destination de tourisme ?

F

Consonne polyvalente pouvant se substituer au S après une mauvaise chute et une fracture de la mâchoire.

Exemple : « Faloperie ! Fa fait fuper mal ! »

Fac

De plus en plus de seniors reprennent des études après 60 ans. Je me demande ce qui est le plus dérangeant dans le regard des autres étudiants : la différence d'âge ou ceux qui pensent que la personne a juste beaucoup redoublé ?!

Facebook

Quand Facebook t'indique que c'est l'anniversaire de quelqu'un et que tu n'as aucune idée de qui il s'agit, tu te dis qu'il serait temps de faire le ménage dans tes contacts.
Le vrai intérêt de Facebook en fait, c'est de retrouver plein de gens que tu ne voulais plus voir et dont tu avais mis 15 ans à te débarrasser.

Fantasme

Avec ma femme, on fait l'amour dans le noir. Ce n'est pas une question de pudeur. Si on fait l'amour dans le noir, c'est parce que, en pleine lumière, quand je vois son visage, je n'arrive pas à penser à une autre.

Fausse joie

Souvent dans la rue, des gens m'abordent pour me dire qu'un de leurs proches m'adore. Manque de bol, ce n'est jamais eux.

Fausse monnaie

J'ai un pote, pour pas cher, il te fabrique des faux billets de banque. Bon, il n'est pas très consciencieux, mais en fonction de tes besoins, de tes dépenses, il peut te faire des billets de 24 ou de 103 euros.

Fausse politesse

Je n'aime pas les gens qui te disent : « Et toi ? » quand ils te croisent alors que tu n'as même pas eu le temps de leur dire : « Ça va ? »

Faux ami

On dit que le chien est le meilleur ami de l'homme. Alors pourquoi a-t-il l'air de s'ennuyer quand tu lui parles gonzesses ?

Faux espoir

On m'avait dit : « Tu verras, quand tu passes à la télé, après tu couches avec qui tu veux ! » Bon… *A priori*, « qui je veux » n'a pas la télé parce que je n'arrive pas à coucher avec.

Pourtant, je fais ce qu'il faut, on m'avait dit qu'il suffisait d'être connu. Donc j'aborde les filles : « Salut, je suis connu, on va chez toi ou chez moi ? » Là, la fille me dit qu'elle ne me connaît pas. Donc, j'interpelle un type dans la rue.

« Dis, tu me connais ?

— Oui, tu es le con de la télé !

— Ben, tu vois que je suis connu ! Alors, qu'est-ce que tu as décidé ? »

Faux permis de conduire

Un faux permis de conduire, ça existe et ça se monnaye très cher. Mais comment savoir si c'est un vrai ou un faux ? Il y a 3 points qui trahissent toujours :

- Si le permis est écrit à la main, il faut se méfier ;
- S'il a 54 points, c'est pratique, mais c'est illégal ;
- Mais, surtout, si tu es à ton avantage sur la photo, c'est un faux permis. Sur un permis, tu dois avoir une tête de demeuré, c'est une règle immuable.

Fécondation

Il savait que le sperme de son père avait été congelé. Et comme il n'avait jamais pu rencontrer son géniteur, il reportait son affection sur le frigo qui avait servi au stockage. À chaque fête des pères, il lui offrait un magnet.

Femme idéale

J'aimerais bien trouver une femme qui n'aime pas les préliminaires. Je trouve que c'est une perte de temps. Ou alors qui fait les préliminaires toute seule. Autonome.

Femme au volant

Une étude américaine très intéressante est parue sur les risques au volant. Une étude étonnante car elle nous révèle une chose : en voiture, les femmes seraient moins dangereuses que les hommes. C'est vrai que quand on roule en oubliant le frein à main, on risque moins les excès de vitesse, mais quand même, je suis surpris.

D'après cette étude, les hommes ont 78 % de risques en plus que les femmes de se tuer au volant de leur voiture. Donc, premier conseil, ne conduisez jamais votre voiture, empruntez celle d'un pote, ça fait baisser les pourcentages.

Qu'est-ce qui explique ces chiffres ? Pourquoi les femmes sont-elles moins dangereuses ? Toujours d'après ce rapport, il y a deux raisons : déjà, elles auraient plus d'intuition au volant que les hommes. Pourquoi pas ? Si les hommes avaient plus d'intuition, ils devineraient peut-être plus facilement quand la femme de la voiture de devant veut tourner même si elle ne met pas son clignotant.

Deuxième explication, je n'invente rien : les femmes auraient plus peur de l'accident qui abîmerait leur physique. Ça veut dire qu'à la question : « Pourquoi vous ne voulez pas avoir d'accidents ? », une majorité d'Américaines aurait répondu : « J'ai peur d'être moins belle après. » Mais bien sûr, les mecs sont stupides. Nous, en cas d'accident, on se dit juste qu'on peut mourir, et on oublie le physique ! C'est pour ça qu'on sera toujours à la traîne.

En tout cas, cette étude casse définitivement un fantasme. L'accrochage avec une belle inconnue qui débouche sur une histoire d'amour, ça n'existe pas. Si une fille ose avoir un accident avec vous, c'est qu'elle sait qu'elle n'a rien à perdre et qu'elle est moche.

Fête

On a un peu de mal à s'y retrouver avec toutes ces fêtes : « la fête des pères », « la fête des mères », « la fête des grands-mères », « la fête des oncles », « la fête des tatas éloignées », « la fête des cousins dont on n'a rien à foutre », ça fait beaucoup. Et même avec l'évolution du modèle familial, on devrait bientôt nous refourguer « la fête des deuxièmes maris de ma mère », « la fête de la gonzesse à mon père » et évidemment « la fête des maîtresses ». Ça serait mérité, parce qu'on ne célèbre pas assez les maîtresses qui donnent pourtant beaucoup plus de plaisir aux hommes que n'en donne la fête des pères.

Fête des grands-mères

J'ai demandé à ma grand-mère ce qu'elle voulait pour sa fête. Elle m'a dit un mec... Au départ, j'étais plutôt parti sur une boîte de « Mon chéri ». Que dalle ! Les seniors aujourd'hui, ce n'est plus ce que c'était. Maintenant, ils ont la patate. La retraite, ce n'est pas pour garder les petits enfants, c'est pour kiffer la life.

Ma grand-mère, elle joue de la batterie, elle fait du deltaplane et elle aide des jeunes à traverser au feu rouge ! Et si je la mets en maison de retraite, je suis sûr qu'elle va se faire tatouer dans le dos le plan du bâtiment pour s'échapper. C'est ça, les nouvelles grands-mères ! Et comme elles n'ont plus à s'occuper d'enfants en bas âge, elles sont même plus en forme que les jeunes mamans qui dorment 4 heures par nuit. Je vous assure, moi, ma femme, avec ses poches sous les yeux, quand on reçoit sa mère pour fêter les grands-mères, on est obligés de commencer le dimanche par un « Qui est qui ? ».

Fête des mères et des pères

Pourquoi les colliers de nouilles ? Les cadeaux que fabriquent nos enfants à la fête des mères ou des pères sont lamentables. Pourquoi ? Parce qu'ils ne savent pas faire autre chose, parce qu'on les protège

trop ! Un petit asiatique, à 5 ans, il peut te faire des baskets ou un lecteur de Blu-ray !
Si tu n'as pas d'enfant, c'est vrai qu'on ne te souhaitera jamais la fête des pères, mais d'un autre côté, tu t'en fous parce que si tu n'as pas d'enfant, la fête, tu peux la faire tous les jours.

Fève

Quand j'étais petit, comme on n'était pas riches, on n'avait pas de fèves, ni de galettes. Pour les remplacer, ma mère achetait des chaussons aux pommes qu'elle fourrait avec des boulons. Là, tu apprends à faire gaffe où tu croques.

Fils de

On critique beaucoup le népotisme, notamment dans le domaine artistique, où il semble plus simple pour un enfant de star de décrocher un rôle. Je comprends cet énervement propre à cette époque si bienveillante et pas du tout hargneuse, mais si on va par là, il faut attaquer et critiquer bon nombre d'entreprises artisanales, du genre maçonnerie « Boitard et fils ». Parce que, là aussi, c'est du favoritisme. Même si ça fait moins rêver.
Personnellement, je préfère que les « fils de » soient favorisés par leurs puissants parents. Ça nous évitera qu'ils sortent un bouquin pour nous dire que personne ne les a jamais aidés.

Flamme olympique

Je me suis toujours demandé quelle pouvait être la pire hantise du porteur de la flamme olympique ? Tomber dans une manif où les gens avancent au pas, que la flamme s'éteigne, ou que les gens l'arrêtent toutes les 30 secondes pour lui demander du feu ?

Fleuriste

Si tu es fleuriste et que tu es marié à une fleuriste, qu'est-ce que tu peux offrir à ta femme pour lui faire plaisir ? Des pneus ?

Football

Lors d'une retransmission de match de foot, quand ils passent un ralenti, pourquoi ma copine croit-elle qu'ils marquent plusieurs fois le même but ?

Footballeur

Quand tu vois toutes les coupes de cheveux et les tatouages que se font les footballeurs, tu te dis que, entre les entraînements, ils doivent bien se faire chier quand même.

Fourrure

La fourrure, je trouve ça ringard. Je suis contre la torture des animaux, mais c'est très hypocrite car je porte parfois des blousons en cuir. Donc, je suis contre la fourrure, mais je suis pour les animaux chauves qui servent à faire des blousons.

Franchise

Être franc, c'est un service que je rends à tout le monde. Ça évite la paranoïa autour de moi. Quand on m'offre un cadeau, les gens ne se disent plus : « Tu crois qu'il a aimé ? Non, parce qu'il a fait une drôle de tête en ouvrant le paquet... Oui, je sais qu'il a dit qu'il était content mais quand même, à un moment, il a vomi. »
Les gens sont mal à l'aise parce qu'ils sont dans le doute. Donc, moi, pour les libérer, à mon anniversaire, j'y vais franco. « Bon ça, j'aime... ça, c'est super, merci beaucoup. Ça, c'est à chier, tu dois le savoir... Ça, si c'est pour offrir ça, vaut mieux ne rien offrir du tout. Et ça...

Non ça, ça passe. Non, je n'aime pas, mais je pense que je peux le revendre sur le Bon Coin. Merci à tous. »
C'est vraiment génial d'être franc. Ça a simplifié tous mes rapports avec mes amis. Remarquez, je n'ai pas de mérite, je n'en ai plus.

Fraude dans les transports

Frauder dans le métro, je ne vois pas où est le panache. Moi, j'essaie de frauder dans les taxis, c'est super dur. Je m'assois discrètement sur la banquette arrière en me cachant derrière les sièges. À chaque fois, le chauffeur me repère. Il est fort.

G

Lettre stigmatisée à l'époque du Bac du même nom. Depuis, elle a connu un certain retour en grâce avec les textos et autres messages Internet, puisqu'elle présente l'avantage phonétique de remplacer le verbe avoir à la première personne du présent de l'indicatif.

Exemples : G faim, G les boules, G la N.

Personnellement, quand je lis ça, G mal aux yeux.

Galette des rois

« Vous faites des fèves vivantes ? Non ? Alors c'était un cafard. »

Garagiste

Tu as rarement des bonnes surprises chez le garagiste. Tu amènes ta voiture pour une révision simple et on finit par te diagnostiquer un véhicule en phase terminale. « Ben oui, je sais bien que vous étiez venu pour une vidange, mais là, les plaquettes de frein, elles étaient mortes ! Ah non, j'étais obligé de les changer sinon vous alliez freiner avec vos pieds. Moi, je m'en fous, c'est pour vos semelles ! Je plaisante, mais ce n'est pas drôle, en tout cas, c'est moins drôle que votre filtre habitacle. Vous faites quoi avec ? Vous vous en servez comme cendrier ? Parce que là, si vous partez avec ça, vous allez tous crever ! » Oui, car pour mieux vous faire accepter l'addition imprévue, la tactique consiste à vous faire culpabiliser. C'est très efficace. Tu paies le triple de ce que tu avais prévu et, en plus, tu dis merci. Personnellement, je n'ai rien contre tout ça, je voudrais juste que, de temps en temps, pour rompre la monotonie, il y ait des surprises dans l'autre sens : « Ben oui, mais je suis emmerdé, je n'ai rien pu faire, moi... Elle est nickel, la bagnole ! Même la vidange, il n'y avait pas besoin... Ah non, je suis impressionné ! Tiens ben, pour vous féliciter, j'ai mis un petit peu d'argent dans la boîte à gants ! »

Non, n'espérez pas, ça, c'est juste dans ma tête...

Générosité

Il paraît qu'il y a plus de femmes seules que d'hommes. Donc le mec qui trompe sa femme, il ne se fait pas plaisir, il fait un geste pour vaincre la solitude des autres. Mais quand tu as bon cœur, on te le reproche toujours.

Génétique

L'être humain a à peine deux fois plus de gènes qu'une mouche. C'est sans doute pour cela qu'il cherche deux fois plus la merde.

Gentillesse

C'est incroyable comme les gens sont serviables en ville. L'autre jour, je m'arrête au feu rouge. D'un seul coup, il y a deux gamins qui arrivent de nulle part et qui me nettoient le pare-brise ! Je n'avais rien demandé ! Deux coups de raclette et hop ! Tout propre ! Ils viennent me demander une petite pièce. Je n'avais rien sur moi. Pas grave ! Ils n'ont rien dit. Au contraire, pas rancuniers, ils ont fini de nettoyer ma voiture en crachant dessus ! Gratos !

Gentleman

Je suis pour faire exploser les conventions. Quand je vais au restaurant avec une femme, je ne l'invite jamais, je la respecte trop. Si je le faisais, j'aurais l'impression d'être un macho. Et mon banquier est très content que j'adopte cette position.

Goncourt

Ça m'énerve le Goncourt parce que, encore cette année, je ne l'ai pas gagné. Je sais que je n'ai rien écrit, mais quand même, ça m'aurait fait plaisir.

GPS

C'est une belle invention le GPS. Avant, en voiture, on n'avait pas le choix, si on était paumé ou si on cherchait quelque chose, on pouvait soit pleurer tout de suite, soit demander à la personne assise sur le siège passager de chercher sur une carte, et pleurer dans un deuxième temps.

Grande

Moi, une fille de 2 mètres, je ne lui fais pas la bise, je lui serre la main et je ferme ma gueule.

Grande roue

C'est dommage qu'ils aient retiré la grande roue de la Concorde. On ne pourra plus y monter et cracher sur les gens qui passaient en dessous. Paris se meurt.

Gratitude

Mon fils m'aime beaucoup. Mais, le jour où je lui ai dit qu'il fallait descendre du manège, je lui aurais annoncé que j'allais bientôt mourir, je pense qu'il aurait eu moins de peine.

Greffe

J'ai lu qu'un bûcheron autrichien s'était fait greffer ses deux mains, qu'il avait perdues lors d'un accident du travail. C'est stupide. Si le mec a eu cet accident, c'est qu'il était maladroit, il aurait mieux fait de se faire greffer les mains d'un autre.

Grève

Quand on fait la grève du sexe, où plante-t-on le piquet de grève ?

Grève de la presse

Comme je suis d'un naturel positif, pendant longtemps les jours de grève, j'ai cru que les journaux ne sortaient pas juste parce qu'il n'y avait pas d'actualité.

Gymnastique

Je trouve bien que les personnes âgées s'entretiennent. Au moins, si elles sont en bonne santé, il n'y aura plus aucune raison de leur laisser les places assises dans les transports en commun.

Gymnastique bis

Adolescent, j'avais déjà des bras très peu musclés. J'ai pensé à un moment faire du cheval d'arçons et finalement, au premier mouvement de balancier, j'ai compris que si je continuais, je risquais de n'avoir jamais d'enfants.

H

Aspiré ou muet, le H vit dans l'angoisse à chaque réforme de l'orthographe. Beaucoup pensent que, au sein de l'alphabet, il occupe un emploi fictif lorsqu'il est placé en début de nom. Maltraité sur les réseaux sociaux où les internautes ne savent pas où le placer (quand ils le placent), il pourrait disparaître à terme de plusieurs mots.

Son dernier espoir tient dans le fait que d'autres lettres sont réticentes à l'idée de récupérer son héritage, comme le E qui ne tiendrait pas trop à se voir attribuer les « émorroïdes ».

Halloween

C'est bien de donner des bonbons aux enfants. Après, ils ont les dents pourries et ils n'ont plus besoin de rien pour jouer les sorcières. Sachez aussi qu'il ne faut jamais draguer une fille à Halloween parce que, parfois, le lendemain, tu te rends compte qu'elle ne portait pas de masque.

C'est terrible, un moche qui se promène dans la rue ce soir-là, on lui donne des bonbons même s'il ne demande rien.

Beaucoup de gens s'insurgent contre le côté mercantile de cette fête avec pour argument : « Vendre la mort, ce n'est pas positif. » Non seulement je suis d'accord, mais je vais même plus loin. La mort n'est pas positive, supprimons la mort !

Handball

Comment se fait-il que la France soit aussi bonne en handball ? Parce que, à part quelques clubs pros, on a quand même des infrastructures dignes du tiers-monde. Ah si... Je ne sais pas si vous avez vu les salles de hand en France ? Les mecs, ils peuvent s'entraîner les jours où il n'y a pas des scolaires qui font de la corde à nœuds. À mon avis, il est là le secret... Ils s'entraînent à tirer sur les gamins pour les faire tomber. J'aime mieux te dire que ça motive à bien viser. Parce que c'est vrai que c'est rigolo de voir un enfant qui tombe d'une corde à nœuds. Autant à voir monter, c'est chiant, c'est poussif... Autant à voir tomber, ça va vite et ça fait un joli bruit.

Hantise

Quand je me réveille la nuit, je ne supporte pas de voir quelqu'un au bout de mon lit qui me fixe en train de dormir. Surtout si c'est quelqu'un que je ne connais pas et qui se tripote en me regardant.

Harmonie

« Mais c'est normal qu'on ne s'entende pas, on est un couple ! »

Hockey sur glace

Qui a eu l'idée de retransmettre à la télévision des matchs de hockey sur glace ? Ça va tellement vite et le palet est tellement petit ! C'est le seul sport où tu comprends qu'il y a un but uniquement au moment où les joueurs s'embrassent.

Homéopathie

On n'a jamais pu prouver l'efficacité de l'homéopathie. Tout ça parce que les souris de laboratoire sont trop connes pour mettre les granules en les faisant tomber dans les trous. Et encore, si vous réussissez à leur faire faire ça, ça prend des années ensuite pour leur expliquer qu'il faut les laisser fondre sous la langue.

Pourquoi ne peut-on pas prendre les granules avec les doigts ? Moi, je vois, je me lave souvent les mains. Beaucoup plus souvent que la bouche.

J'ai appris l'existence d'« homéopathes sans frontières ». Ça m'a étonné, je pensais que tout était englobé dans « Médecins sans frontières ». Eh ben non, il existe des sous-catégories. Ça doit claquer quand tu arrives dans un pays et que tu annonces fièrement : « Bonjour, Kevin Duval, proctologues sans frontières » !

Hôpital

L'hôpital te permet de guérir des maladies. Mais quand tu vas à l'hôpital, tu attrapes des maladies nosocomiales, c'est-à-dire des maladies que tu attrapes dans l'hôpital. Donc quand tu es admis dans un hôpital et que l'on te demande ce que tu as comme maladie, tu es obligé de répondre : je ne sais pas encore.

Il y a un tel bordel aux urgences de certains hôpitaux que contrairement aux séries américaines, quand ils disent : « On le perd ! On le perd ! », ils le perdent vraiment. Enfin, c'est surtout qu'ils ne savent pas où ils ont rangé le brancard.

Horizon

Bien sûr que j'ai des projets d'avenir ! J'ai pris un emprunt sur 30 ans. Alors je sais que les 30 prochaines années, je vais devoir rembourser. J'ai acheté un pavillon dans un lotissement où ils ont fait plein de maisons identiques. Comme ça, si tout se passe bien, dans 30 ans, quand je serai presque mort, j'aurai rien qu'à moi la même maison que tout le monde.

Hula-hoop

C'est passé de mode le hula-hoop. Ces grands cerceaux qu'on faisait tourner autour de la taille. C'est dommage car c'est bien pratique, surtout pour savoir si vous avez grossi. Si vous ne rentrez plus dans votre hula-hoop, il est temps de réagir.

Humoriste

En France, il n'existe aucune cérémonie récompensant les comiques professionnels. En revanche, depuis 1988, un prix de l'humour politique est décerné chaque année. Est-ce un aveu pour désigner les vrais humoristes ?

Hygiène buccale

J'ai un ami qui avait des petits problèmes d'hygiène buccale. Il prétendait faire une allergie aux brosses à dents. On a eu beau lui expliquer que ça n'existait pas, que même dans le répertoire des maladies orphelines, il n'y avait aucune trace de ce genre de pathologie, il ne voulait rien entendre. On a fini par lui installer un petit bloc dans la bouche. Oui, le petit bloc qui fait l'eau bleue dans les W.-C. Ça lui a changé la vie. La nôtre aussi.

Hymne

Quand tu chantes faux, est-ce qu'il ne vaut mieux pas ne pas chanter ton hymne pour respecter ton pays ?

Hyperconnecté

Je viens de voir un mec qui écrivait un SMS en conduisant un scooter avec une fille derrière lui. C'est donc officiel, la connerie se déplace en roulant.

I

Lettre souffrant d'une mauvaise image à cause des expressions « Être droit comme un i » et « Mettre les points sur les i ». On la pense rigide et froide alors que c'est une grosse déconneuse dans la vie de tous les jours.

N'attendez aucune justification de cette information. Je la connais, c'est tout.

Idée

On ne le dira jamais assez, mais la gastronomie doit beaucoup aux psychopathes. Qu'est-ce qui s'est passé dans la tête du premier homme qui, en voyant un canard, s'est dit : « Toi, je vais te gaver et après je vais manger ton foie ! » ?

Idiot

Lui, il n'aura jamais de tumeur au cerveau. Tout ce qu'il peut espérer, c'est une tumeur au crâne.

Imitateur

Un imitateur qui rate une imitation peut toujours dire qu'il imite un mauvais imitateur.

Immobilier

« Bonjour, monsieur Lemoine, c'est l'agence du château. Vous avez laissé chez nous un dossier pour la recherche d'une maison avec jardin et 3 chambres minimum. Alors là, je me permets de vous appeler car on vient justement de rentrer un appartement sans jardin, mais avec vue sur le jardin du voisin. En ce qui concerne les chambres, il n'y en a qu'une, mais comme c'est un duplex de 140 m^2, il y a largement la possibilité d'en faire une douzaine. »

Ils sont forts dans les agences. Ils réussissent à te persuader qu'ils ont exactement la maison de tes rêves alors que rien ne correspond. Je pense que c'est une tournure d'esprit. Quand tu as un ami agent immobilier, si tu lui dis que tu n'aimes que les blondes aux yeux bleus, très minces, je suis sûr qu'il te répond :

« Ah, ça tombe bien, j'ai justement une copine rousse avec des yeux marron qui vient de se libérer. Unique sur la région !

— Oui, mais c'est pas du tout ce que je recherche.

— Tu devrais la voir quand même. Ah mon avis, c'est le coup de cœur assuré. J'ai déjà deux acquéreurs potentiels.
— Bon, et elle est mince ?
— Pas encore, mais il y a un potentiel énorme après transformation. »
Je n'ai pas pris le duplex de 140 m². Il était bien situé, mais il y avait 20 m² en rez-de-chaussée et 120 m² en sous-sol. 120 m² en sous-sol, c'est formidable si toute ta famille est albinos, mais sinon c'est un peu oppressant le manque de fenêtres.

Importance des infos

Notre société a connu énormément de zones de turbulences, mais je ne sais pas si vous avez remarqué, jamais deux en même temps. C'est toujours le même schéma. Il y a quelques années, on a eu la crise financière, puis la grippe A. Quand la grippe a pointé le bout de son nez, la crise financière a disparu miraculeusement. À mon avis, c'est l'attaché de presse de la crise financière qui lui a dit : « Je ne vais pas te mentir, c'est la merde. Je pense que tu devrais te mettre au vert parce qu'avec la grippe porcine, on ne va plus avoir aucune émission de télé. Le JT, c'est même plus la peine d'y penser. » Alors la crise financière lui a répondu : « Attends, le JT, ça dure 1/2 heure, il y a quand même la place pour parler de deux catastrophes.
— Non, ça ne marche pas comme ça. Les Français, on leur donne une catastrophe à la fois, sinon ça les angoisse. Après, ils n'ont même plus envie de regarder le téléfilm derrière. Donc pour compléter le JT, ils vont mettre un reportage sur le retour de la neige, le poids du cartable des écoliers ou sur des potiers dans le Périgord qui posent nus pour un calendrier. »
Eh oui, c'est comme ça dans les médias : tu as une info star qui éclipse toutes les autres. Alors comment devient-on une catastrophe star ? Quand ça touche la France, c'est facile à définir. Par exemple, une tempête en Franche-Comté, tu sais que ça va faire les gros titres. Si la tempête emporte en plus la maison d'une vedette, c'est encore plus

intéressant. Même si là c'est un mauvais exemple parce que les maisons de vedettes en Franche-Comté, il y en a peu.
En revanche, si la catastrophe ne touche pas la France, genre des gens qui meurent mais que l'on ne connaît pas, ou qui ne nous ressemblent pas – auxquels on ne peut pas s'identifier, quoi – là, c'est à la discrétion des rédacteurs en chef.

Impôts

Au moment de remplir ma déclaration, j'essaye d'apitoyer les gens des impôts. À la ligne traitements et salaires, je mets : « Pas beaucoup, ça n'a pas été facile tous les mois. » Je n'ai jamais eu de réponse. J'ai parfois l'impression qu'il n'y a que moi qui m'implique émotionnellement dans cette relation avec mes impôts.
Et les potes qui viennent squatter chez moi pour vider le frigo, est-ce que je peux les déclarer comme personnes à charge ?
On taxe plus les célibataires. Je trouve ça normal quand les couples ont des enfants, mais s'ils n'en ont pas, c'est une vraie injustice. Les célibataires doivent faire face à beaucoup plus de dépenses. Prenons l'exemple d'un célibataire mâle hétéro. Pour séduire la femme qu'il désire, il devra se montrer galant, lui faire des cadeaux, l'inviter au restaurant... Mais quand tu es en couple, plus besoin, tu as gagné. Une fois par mois chez Léon de Bruxelles et ça suffit.

Improvisation

Dans la rue, un mec hurle en me voyant passer : « Hé, comique ! Hé, comique ! » Comme je ne connaissais ni son nom ni son métier, j'ai improvisé, je lui ai répondu : « Hé, relou ! »

Indélicatesse

« Pourquoi ?... Pourquoi tu pars ?... Je ne peux pas vivre sans toi, moi... Je ne sais pas vivre sans toi. Je ne veux pas vivre sans toi... Attends, je ne vais quand même pas recommencer à me branler !

Non, ne te braque pas ! J'ai dit ça comme j'aurais dit autre chose. Oui, c'est vrai, j'aurais pu dire autre chose... »

Infidélité

La plupart des relations extraconjugales se passent au boulot. C'est pour ça que, moi, je me marierai avec une chômeuse. Après, ça dépend des métiers, il y a des métiers plus exposés que d'autres. Par exemple, il y a peu d'infidélité chez les dames pipi.

Infirmière

Mon rêve, enfin mon fantasme, c'est d'avoir une aventure avec une infirmière sur son lieu de travail. Ce n'est pas vraiment l'uniforme qui m'excite, plutôt l'idée du sexe remboursé par la sécu. L'érotisme radin !

Injustice

Nous ne sommes pas égaux quand le couple est en crise. Si une femme en a marre de son mec, elle sort en soirée, elle se met une jolie robe, et il y a 18 gars qui rappliquent tout de suite ! Alors qu'un mec qui en a marre de sa meuf, il sort en soirée, il se met une jolie robe... et c'est beaucoup plus compliqué.

Inondation

Il y a deux approches devant des inondations. La pessimiste qui consiste à dire : on a été inondés, l'eau a tout détruit. Et l'autre, optimiste, qui consiste à dire : dis, tu as vu la taille de ma piscine ?
Elle n'est pas belle, la vie ? Le mec, il est assis dans son salon, une bière à la main, un match de foot à la télé et il peut pêcher en même temps.

Insupportable

Dans les magasins, je ne supporte pas les petites vieilles qui veulent toujours passer avant toi dans la queue, et qui te jettent des regards mé-

chants si tu ne t'exécutes pas tout de suite. C'est déjà compliqué de lui expliquer que, *a priori*, elle a plus de temps à perdre que toi et donc que l'argument de l'urgence ne tient pas, mais, surtout, ce coup de pression qu'elle te met avec ses yeux ! À chaque fois, la même idée me traverse l'esprit : « Excuse-moi, mamie, c'est quoi ce regard ? Tu vas me frapper si je ne bouge pas ? Sérieux ? C'est vraiment ça ton projet ? Non, parce que là on va peut-être parler réalisme. » Le nombre de petites mémés que j'ai embrouillées dans ma tête... Un vrai rebelle !
Dans les faits, je suis comme tout le monde, je leur fais un grand sourire figé et je les invite à me doubler.

Intelligence

Ce n'est plus des courants d'air qu'il a dans le cerveau, c'est une éolienne.

Intermittent

Le jour où on comptabilisera les heures de galère, les auditions loupées, les tentatives ratées dans l'indifférence et pas seulement les rares moments où ils réussissent à travailler, on accordera enfin aux intermittents le titre de permanents du spectacle.

Invention

Je suis fasciné par la petite histoire des inventions. En 1948, Walter Frederick Morrison a inventé le frisbee. Par hasard, en lançant à sa femme sur une plage californienne un moule à gâteau. Il s'est dit que c'était rigolo, il en a fait un jeu et l'a appelé Frisbee, du nom de la boulangerie qui utilisait ces moules. Vous vous rendez compte à quoi ça tient ? Il lance un moule à gâteau à sa femme, il devient célèbre. Il aurait lancé un parpaing, personne n'aurait parlé de lui et il aurait été veuf immédiatement.

Invention bis

Si j'avais dû inventer quelque chose, j'aurais voulu inventer la pollution. Parce que, entre la pollution atmosphérique, la pollution sonore, la pollution visuelle, la pollution lumineuse, je pense que dans les années à venir, c'est ce qui va rapporter le plus !

Ivre mort

« Ce n'est pas la peine de pleurer, tu ne m'attendriras pas... Si, si, les gens voient bien que tu as un problème. Si je t'ai pris à part, c'est justement parce que je ne savais plus quoi répondre aux gens qui me demandent pourquoi tu es venu en slip à cette soirée. Oui, tu es en slip, Christian. Non, les pantalons invisibles, ça n'existe pas. Et puis arrête de pleurer parce que j'ai l'impression que c'est des gouttes d'alcool que tu pleures. Je t'assure, c'est horrible. Quand on est à côté de toi, on est imprégné par l'odeur. Comme si tu étais un sapin magique au pinard ! Si quelqu'un fait tomber un mégot sur toi, tu brûles. Je sais, au début, c'était juste de l'alcoolisme mondain. Tu prenais un verre pour te donner de la contenance. Mais, maintenant, c'est surtout la contenance du verre qui t'intéresse. »

J

Lettre légèrement mégalomaniaque qui ramène tout à elle : je, jour J... Pour ce qui est de cette appropriation des moments importants, on notera que le H est aussi prétentieux avec « l'heure H », alors qu'avec « l'instant T », on comprend que le I n'a pas d'ego.

Jalouse

Elle est un peu possessive. Pour vous donner une idée : quand je reste trop longtemps aux toilettes, elle frappe à la porte pour savoir si je téléphone à quelqu'un. Quand je dors, elle me réveille pour savoir à qui je rêve. Et pour être sûr que je ne vais pas aller voir ailleurs, elle me masturbe 5 fois par jour. Enfin à chaque fois que je sors. Si je dois aller à la boulangerie, par précaution, elle me masturbe. C'est crevant. J'aime mieux vous dire que je réfléchis à deux fois avant de descendre les poubelles...

Jardinage

On parle souvent de la main verte. Moi j'ai la main noire, si je touche une fleur, elle fane.

Jeune couple

« Elle veut des soirées avec moi, rien que moi... Même si on n'a rien à se dire, elle me regarde manger. C'est très troublant de voir à quel point je peux être intéressant quand je mange. Je ne me rendais pas compte. Quand elle voit que j'ai bien mangé, elle me sourit, comme si elle était soulagée de voir que j'ai avalé assez de nourriture pour vivre encore un peu... avec elle. »

Cette période bénie dans un couple, c'est à peu près l'équivalent des 100 premiers jours pour un président de la République. Après, les sondages relatifs au couple commencent à chuter assez vite.

Jeune

La société évolue, les ambitions changent. Beaucoup de jeunes rêvent aujourd'hui d'être des stars de la célébrité. Star de la célébrité, *it-girl* ou *it-boy*, c'est quand les gens ne savent pas ce que tu fais, mais tu fais quand même la couverture des magazines. Au bout de 10 couvertures, les gens ne se demandent plus ce que tu fais, ils savent que tu es une star et ils l'acceptent.

Jockey

Arrêtons d'humilier les petits jockeys qu'on oblige à monter sur des chevaux bien trop grands pour eux. Ayons le courage de lancer des tiercés de poneys.

Jour de l'An

Le compte à rebours a commencé. C'est bientôt le réveillon du jour de l'An et cette année je ne veux pas le louper. Moi, chaque 31 décembre, je fais la même chose, je fais une gastro. Oui, parce qu'avant le jour de l'An, il y a eu Noël. Je ne comprends pas le projet. Qui a fait ce calendrier ? On se fait chier toute l'année et ils trouvent le moyen de mettre les deux plus grosses fêtes de l'année à une semaine d'intervalle. Tu sors à peine la tête des toilettes qu'il faut que tu penses au menu du réveillon ! Moi, je dis que le jour de l'An, faudrait le mettre le 15 mars. C'est vrai, il ne se passe rien le 15 mars. Et il fait meilleur, quand même ! Parce que va mettre une tenue de soirée par – 2° ! Je suis désolé, les filles en robe du soir avec des moon boots, ça ne m'a jamais excité !

Journée des femmes

Le 8 mars, c'est la journée internationale des femmes, selon l'appellation officielle de l'ONU, la journée internationale du droit des femmes dans certains pays, et la journée de la gonzesse, pour tous ceux pour qui cette journée a été aussi créée. Alors pour cette dernière catégorie, ces hommes un peu bourrins qui se disent que le reste du calendrier est uniquement pour eux, voici quelques phrases à ne pas dire s'ils ne veulent pas que « la journée des femmes » se transforme en « la journée du célibat » :

- **Phrase n° 1 :** « Aujourd'hui, c'est la journée des femmes.
  Ce n'est pas grave, tu feras la vaisselle cette nuit. »
- **Phrase n° 2 :** « Chérie, tu vas chercher le pain ?
  Oui, je sais que c'est la journée des femmes. Justement, ils vont peut-être te faire un prix. »
- **Phrase n° 3 :** « Dis, comme c'est la journée des femmes, tu voudrais pas appeler une copine pour qu'on essaye un truc à trois ? »

Finalement, en me relisant, je viens de comprendre pourquoi on célébrait les femmes un seul jour par an. Parce que si les femmes arrivent à nous supporter le 8 mars, nous, les gros lourds, ça veut tout simplement dire que ce sont des saintes !

K

Ne me demandez pas ce que fait le K dans l'alphabet français, *a priori*, c'est un touriste qui s'est perdu. Éventuellement utile dans les codes Wi-fi.

Karaoké

Le karaoké est à la chanson ce que la masturbation est au coït, une reproduction approximative.

Kit

Quand je monte un meuble en kit, je laisse toujours la photo à côté pour montrer ce à quoi ça aurait dû ressembler.

Kitsch

Le kitsch, c'est la preuve que si tu es ringard mais patient, tu peux revenir à la mode.

Ce qui est terrible, c'est quand tu sors avec quelqu'un qui ne jure que par le kitsch. Tu ne peux jamais savoir si elle t'aime vraiment ou si tu fais partie de sa collection.

Klaxon

Est-ce qu'il y a vraiment des gens qui pensent qu'en klaxonnant beaucoup dans les embouteillages, ça va faire disparaître les bouchons ?

L

Lettre à la forme bien déterminée, permettant de visualiser des espaces géométriques.

Exemple : « Dans son salon en L, il avait disposé ses tables en U, puis avait enfilé son plus beau pull col V. Il était enfin prêt à recevoir ses amis du club des chiffres et des lettres. »

Lanceur de couteaux

Un lanceur de couteau qui rate son numéro avec sa partenaire, il est accusé de meurtre ou on considère que c'est un accident du travail ?

Langue

J'ai lu un article très poignant où le journaliste évoquait la mort d'une femme qui était la dernière à parler une langue. Il expliquait la perte culturelle immense que représentait la disparition de cette dernière héritière d'un peuple reculé d'Amérique du Sud. Moi, ce que je trouve surtout dramatique, c'est que les dernières années de sa vie, elle devait être obligée de parler toute seule.

Langue morte

Quitte à apprendre des langues mortes, pourquoi, en option, les collégiens n'ont-ils pas le choix entre latin, grec ou langage administratif ? C'est aussi abstrait et certainement plus utile.

Lecture

Je lis tout. Les livres, les prospectus, les notices de médicaments, les petites étiquettes à l'intérieur des culottes des filles... tout !

Lessive

Les mecs célibataires ont inventé la lessive statique, pas du tout polluante. Le principe est simple : tu portes un T-shirt une journée. À la fin de la journée, tu le plies et tu le remets dans ton tiroir. Eh ben, deux jours plus tard, quand tu le reprends dans ton tiroir pour le porter à nouveau, tu as l'impression qu'il est propre. Mais c'est vrai que tu mets plus de déodorant que le premier jour !

Lettre

Envoyer une lettre au Père Noël, c'est comme demander aux impôts de te donner des sous. Tu envoies ta lettre, et puis après tu peux toujours y croire !

Liberté

Paris, c'est la liberté, tu fais ce que tu veux. L'autre jour, un type se faisait taper dans le métro. Personne n'est venu l'embêter. Tout le monde a respecté son choix. La liberté !

Libido

J'ai une théorie sur la vue et la libido. On dit : « Femmes à lunettes, femmes à quéquettes ». Donc, si on fait moins l'amour, c'est à cause des lentilles.

Lieu commun

Je déteste les lieux communs : les femmes seraient sentimentales alors que les hommes ne penseraient qu'avec leur sexe. Arrêtons la caricature. On ne pense pas avec notre sexe. En revanche, c'est vrai qu'il nous parle. Alors on discute, c'est tout.

Like

La possibilité de liker n'importe quoi sur les réseaux sociaux est une gangrène. On peut signaler son existence sur le Net avec un minimum d'implication, juste en cliquant sur un cœur ou un pouce levé en l'air. Donc la tentation est grande. J'ai une amie qui avait publié sur son mur : « Je suis à l'hôpital, crise d'appendicite aiguë », elle a eu douze « like ». Quand tu as douze amis qui se réjouissent de ta maladie, tu peux te dire que tu es bien, tu n'es pas seule.

En même temps, il faut les comprendre les gens... Tu es chez toi, tu vois la news. Tu te dis : « Si je dis rien, je suis insensible, si je laisse

un message, je vais dire une connerie. Alors tant pis, je like, elle comprendra. » Elle comprendra que tu es con, oui ! Tu n'es pas obligé de tout commenter.
Internet, c'est aussi pour apprendre des choses. Le monde peut vivre sans ton commentaire. « Oh, un navire de croisière a fait naufrage... 52 morts. Like ! ». Les mecs, ils sont chez eux, ils sont persuadés qu'ils doivent donner leur avis sur tout. Il y en a qui vont même jusqu'au billet d'humeur. Il faut quand même avoir un ego énorme. « Mes très chers amis, c'est le cœur lourd que je vous écris. J'imagine que comme beaucoup, vous avez été surpris de mon silence concernant le conflit russo-ukrainien. Vous comprendrez qu'en tant que président de l'amicale des philatélistes de Montrouge, j'ai longtemps hésité à prendre la parole pour ne pas troubler un équilibre politique international déjà précaire. La Russie est un pays que je connais parfaitement puisque j'ai eu l'occasion de me rendre à Moscou lors d'un voyage scolaire en 4e. Je n'ai jamais été en Ukraine car ce n'est pas du tout un pays qui m'attire. Mais je suis quand même sûr que les Ukrainois, ou Ukrainiens je ne sais plus, sont sympathiques. Même s'ils sont différents de nous, évidemment. À cause de la température et du fait que la plupart sont consanguins. Ne vous méprenez pas, mon message est un message de paix. Monsieur le président de la Russie, vous vous doutez bien que j'ai des idées précises pour sortir au plus vite du conflit... Mais pour les connaître, il faudrait déjà que vous acceptiez ma demande en amitié sur Facebook. Je ne comprends pas votre silence, je vous ai quand même envoyé 5 pokes. Il y a urgence. Vous comme moi, nous sommes des hommes de bon sens, donc rencontrons-nous au plus vite. J'attends votre réponse. Gros bisous, Thierry Frédéric. »
Non, il faut arrêter ! Attention, je ne dis pas qu'il faut rester muet si on a vraiment quelque chose à dire... Au contraire. Mais acceptons une chose : tout le monde n'a pas obligatoirement un avis passionnant à partager. Et c'est dans ces cas-là qu'il faut se souvenir du pro-

verbe : « Si ce que tu as à dire n'est pas plus beau que le silence, alors tais-toi. »

Lingette

J'ai une passion pour les lingettes depuis mes années de célibat. Pour 3 raisons :

1) L'aspect pratique

Avant, on attendait que la maison soit bien sale avant de nettoyer parce qu'on avait la flemme de remplir le seau et de passer la serpillière. Je parle surtout des garçons célibataires car il ne faut pas oublier que pour ces garçons, il n'y avait que deux sortes de salles de bains : les salles de bains dégueus et les salles de bains très dégueus.

Personnellement, je ne prends plus de douches, je me lave à la lingette.

2) L'avenir

Il faut développer la lingette, c'est la compagne de l'homme moderne. Par exemple, je suis pour la création des lingettes au beurre qu'on mettrait directement dans les sandwichs.

3) La responsabilité citoyenne

Bien sûr que ça crée des déchets en plus et que c'est un problème. Mais pourquoi jette-t-on les lingettes ? Parce qu'elles sont sales ! Je propose donc de créer des lingettes pour laver les lingettes.

Livraison

« Oui, bonjour, monsieur Lemoine, c'est le magasin IKEA. Votre canapé clic-clac Bronstrud sera livré mercredi matin entre 7 heures et 18 heures. Bonne journée. »

J'adore le concept de la fourchette horaire. Le matin, de 7 heures à 18 heures... En gros, ta journée est niquée. Parce que si tu te lèves exprès, tu as toutes les chances que le livreur passe à 17 heures 55. Et si tu ne te lèves pas parce que justement la dernière fois, il est passé à

17 heures 55, là tu es sûr qu'il va passer à 7 heures du matin pour que tu lui ouvres en pyjama, les cheveux en vrac, et en plus avec une érection qui n'a rien à voir avec la joie que tu ressens à l'idée de recevoir un clic-clac. Mais ça, va lui expliquer.

Location

Louer un appartement à Paris, c'est toujours un délice : « Alors, il me faudrait vos bulletins de paie sur les trois dernières années, la caution de toute votre famille, vos perspectives d'héritage, avec certificats médicaux pour les vieilles tantes malades, enfin tout le tralala, si vous êtes artiste, on aimerait bien que vous arrêtiez tout de suite. Il faudrait aussi que vous me signiez un papier comme quoi, si vous avez des difficultés financières, vous acceptez de vendre un de vos enfants pour payer le loyer. »
Et le mec ose rajouter : « Je sais, c'est un peu pénible la paperasse, mais vous comprenez, on est obligés de se protéger, il y a tellement de gens qui abusent ! »
Tu n'as plus aucun moyen de pression, de négociation. Si tu visites un appartement insalubre et que tu fais remarquer au proprio qu'il y a des cafards, au mieux, ce que tu peux espérer, c'est que le mec te dise : « Des cafards ? Ah oui... Bon, comme vous êtes sympathique, je ne dis rien, mais normalement vous n'avez pas le droit aux animaux de compagnie ! »

Logique

Aujourd'hui, on ne sait plus quoi manger. Toutes les viandes sont suspectes parce qu'on nourrit les bêtes avec des mauvaises choses. Il n'y a que les végétariens qui vont s'en sortir. Donc si vous voulez être sûrs de manger de la bonne viande, bien saine, soyez logiques, mangez des végétariens !

Loisir

J'aime bien écrire mon prénom quand je fais pipi dans la neige. C'est une belle marque de confiance en soi quand on a un prénom composé.

Loisir bis

25 % des plus de 70 ans déclarent faire l'amour plus de 3 fois par semaine.

C'est bien, c'est une nouvelle image des seniors. Avant, on représentait toujours les mamies en train de faire des gâteaux. Maintenant, on sait, mamie fait des gâteaux mais elle nique aussi.

Loto

Ça fait douze ans que je joue au loto. Une fois, j'ai eu trois bons numéros. J'ai donc gagné 2,13 euros en douze ans. Oui, c'est bien, mais j'avais perdu le ticket...

Low cost

C'est un vrai mystère les compagnies aériennes *low cost*. Comment font-elles ? Ce sont les autres qui se gavent depuis des années ou elles qui rognent sur quelque chose ? Il y a bien un truc. Si ça se trouve, elles prennent des pilotes en intérim. Ou des pilotes débutants. Je vous assure, regardez bien avant de monter dans l'avion, sur le dessus de l'appareil, il y a sûrement marqué « avion-école ».

Ou peut-être qu'elles ne font pas le plein de carburant ? Il y a juste de quoi arriver à destination. Ça, ce n'est pas bien pour les pirates de l'air. Un avion pour Paris, il ne faut pas espérer le détourner sur Stockholm. Avec la marge qu'ils ont, tu peux peut-être le détourner sur Melun, mais après c'est la panne sèche.

Tout est payant à l'intérieur, même les boissons ! Sauf en première, où tu as le droit à un verre d'eau et un Tuc. Oui, c'est la seule différence

entre la première et la classe éco. Ah non, il y en a une autre, en première, les hôtesses ont les jambes épilées.
C'est à la bonne franquette. Au-dessus des sièges, il n'y a pas les petits trous pour faire de l'air. Si tu veux un peu d'air, tu appelles l'hôtesse et elle vient te tousser au visage. Mais attention, je ne critique pas. Parce que grâce à ces compagnies, même si tu prends tes vacances dans un coin pourri, eh ben t'es content d'arriver !

Lucidité

Je crois que si j'étais amoureux de moi, je me quitterais.

Luciole

J'aime bien manger des lucioles parce que quand j'ai des renvois, ça fait de la lumière.

Luminothérapie

La luminothérapie, ça peut être dangereux. Par exemple, sur une route de montagne, si un type arrive en pleins phares devant vous, certes, vous êtes heureux, mais vous allez vous manger le ravin.

M

Lettre du milieu de l'alphabet. Elle symbolise le centre, le compromis, qui ne provoque ni enthousiasme forcené, ni rejet excessif. D'où son utilisation pour commencer pas mal de mots rappelant cette idée, comme « médiane », « moyen », « mi-temps », « mesuré », « mouais bof... »

M

Machisme

Je ne défendrai jamais les machos, mais il faut reconnaître que certaines filles abusent. Parfois, tu fais l'amour à une fille, elle ne te dit même pas merci.

Machisme bis

Je suis contre les femmes au volant, mais je suis pour mettre un faux volant du côté passager pour qu'elles s'amusent pendant que l'homme conduit !

Maison

Les petites annonces immobilières me rendent paranoïaque. Quand certains voient un gage de qualité dans l'intitulé « maison d'architecte », moi je vois juste un motif d'inquiétude. S'ils se sentent obligés de préciser, ça veut donc dire que certaines maisons sont imaginées par des non professionnels ! Pardon, mais vu l'investissement, je ne veux pas d'une maison imaginée par un boulanger ou un livreur de pizza.

Malentendu

Devant l'école primaire, un homme : « Bonne journée ma puce ! » Je lui réponds : « Toi aussi, bonbon. » Regard noir. Il parlait à sa fille.

Mamie d'avant

On a beaucoup perdu avec les seniors ultra-actifs. J'avoue que je suis nostalgique des grands-mères à l'ancienne, toutes douces, toutes molles, qui te parlent en tricotant. Qui piquent quand tu les embrasses, qui ne te critiquent jamais, qui te demandent juste de ne pas prendre froid et qui te glissent un petit billet dans la poche au moment où tu t'en vas. « Non, Mamie, tu sais très bien que je n'en ai pas besoin. J'ai 40 ans maintenant. C'est gentil l'argent de poche pour faire des baby-foots, mais je t'assure, je préfère que tu gardes ton billet. Tu n'en as pas besoin ? Mais moi non plus, je n'en ai pas besoin. Et puis de toute façon, qu'est-ce que tu veux que j'en fasse de ce billet ? Ce sont des francs. »

Maquillage

On développe de plus en plus de gammes de maquillage pour les hommes. Enfin ! Il n'y a pas de raison qu'il n'y ait que les filles qui cachent la misère ! Nous aussi, si on se maquillait tous les jours, on pourrait sembler beaux.

Maintenant je suis au taquet, je connais tout ! Le khôl, c'est un truc très noir que tu mets sous les yeux pour souligner ton regard. Bon, si tu as un regard de veau, ça ne changera rien sauf que l'on verra mieux que tu as un regard de veau. Et si tu as peur qu'on ne le remarque pas assez, tu peux rajouter de l'eye-liner ! Et si tu pousses jusqu'au mascara, là tu n'auras plus un regard de veau, avec tes beaux cils, tu auras un beau regard de vache !

Le gloss, c'est pour que tu aies les lèvres qui brillent. Un peu comme quand tu manges des frites sauf que là c'est en tube et que c'est plus cher. Le gloss, c'est les frites de chez Sephora.

L'autobronzant, tu te le passes sur le corps et tu deviens orange. Comme si tu étais allé bronzer... nulle part. Parce que ça n'existe pas un soleil qui te rend orange comme ça. Non, là, c'est un peu comme si un bébé t'avait vomi sa purée de carottes au visage. Mais tu as bonne mine ! Le problème avec l'autobronzant, c'est qu'il faut bien penser à en garder pour tout le corps. La première fois, je n'avais pas de quoi finir ma jambe droite... Avec la différence de couleur, quand j'étais en short, les gens pensaient que l'on m'avait greffé une jambe.

C'est génial de partager ça avec sa compagne. Quand j'ai une crème réparatrice sur le visage et elle, un masque aux concombres, si on s'embrasse, on a l'impression de préparer du tzatziki !

Mariage

Ce que j'aime dans les mariages, c'est jeter du riz. Mais comme j'aime bien rire, je le fais cuire. Et comme je trouve ça fade le riz blanc, je rajoute un peu de sauce tomate. On m'invite de moins en moins.

Mariage bis

Le mariage étant un contrat, ne pourrait-on pas lancer le mariage à durée déterminée ? Avec reconduction tacite. Ça éviterait bien des soucis.

Martinet

Il y a encore aujourd'hui des débats sur la fessée administrée aux enfants pour les éduquer. Moi, j'ai connu l'époque des martinets, ce délicieux objet qui est maintenant réservé aux pratiques SM. D'ailleurs, pour régler tous les débats, une petite aide toute simple : tout ce qui peut servir à une pratique entre adultes consentants ne devrait même pas être envisagé pour des enfants. Comme la fessée donc...

Pour en revenir au martinet et lutter contre ce fléau, un de mes camarades avait eu la riche idée de couper toutes les lanières en cuir de l'ustensile pour contrer ses parents. Ça a marché, ils ont été obligés de lui donner des coups de manche.

Masturbation

D'après le rapport Kinsey qui date de 1948, les hommes ayant fait des études supérieures se masturbent plus que les ouvriers. Comment expliquer qu'il y ait moins de masturbation chez les manuels ?

Mathématiques

Je ne suis pas très bon en maths, mais je peux faire des choses rares quand même, que peu de gens arrivent à faire aisément. Comme couper un gâteau en neuf. Une grosse part pour moi et huit petites parts pour les autres.

Mendiants

Je n'aime pas les gens un peu faux culs qui te posent des questions alors qu'ils ont déjà les réponses. Comme les mendiants qui viennent te voir quand tu es au distributeur et qui te demandent si tu n'aurais pas un peu d'argent. Il faut être con quand même ! « Ben si, j'ai de l'argent, tu crois que c'est un distributeur de mouchoirs ? » Je n'aime pas l'hypocrisie ! « Excusez-moi, vous n'auriez pas une petite pièce ? » Avant, je faisais comme tout le monde, je faisais semblant de chercher. Si, vous l'avez tous fait. Pour ne pas passer pour un enfoiré, vous vous tâtez, vous cherchez même dans des poches que vous n'avez jamais utilisées de votre vie, au cas où vous auriez une partie du corps sur laquelle poussent des pièces. « Oh non, je suis désolé, j'ai rien. » Le pire, c'est quand vous dites ça à l'entrée d'une boulangerie. « Je suis désolé, j'aurais bien voulu vous donner quelque chose, mais je n'ai pas de monnaie. Hein ? Oui, je vais acheter du pain. Ben avec... avec un chèque... J'attends un coup de fil de ma banque. S'ils m'accordent le crédit, je vais même prendre une fougasse. »

Ce n'est pas bien de faire ça. Vous ne donnez pas, c'est votre droit. En revanche, vous prenez la personne pour une conne. Dans ce cas-là, par respect, il vaut mieux être franc.

« Excusez-moi, vous auriez une petite pièce ?

— Oui, j'en ai même plusieurs. Bonne journée ! »

Mensonge

Pourquoi tous les dentistes mentent-ils ? Ils disent toujours : « Si vous avez mal, levez le bras. » J'ai essayé. Eh bien, pardon, mais quand tu as mal à la bouche et que tu lèves le bras, ça ne te soulage pas.

Menu

J'ai appris beaucoup de choses en relisant *Le Petit Poucet*. Par exemple, je croyais que c'était les *fast-foods* mais, non, c'est l'ogre qui a inventé le menu enfant.

Message personnel

« C'est moi. J'ai beaucoup réfléchi... Je me suis posé trois questions : 1) est-ce que je suis heureuse avec toi, 2) est-ce que je t'aime, 3) comment te dire que j'ai répondu « non » aux deux premières questions ? Finalement, je me suis dit que le mieux, c'était de t'appeler à un moment où j'étais sûre de tomber sur ta messagerie. Donc j'espère que les gens se marrent bien à ton spectacle parce que sinon ça va te faire une sacrée journée de merde. »

Météo

Être présentateur météo dans le nord de la France, cela revient au même que d'envoyer des faire-part de décès chaque jour à ses proches.

Méthodologie de la paresse en milieu télévisuel

Quand vous êtes chroniqueur télé, il arrive toujours un moment où vous arrivez à une émission sans avoir rien préparé. Ce n'est pas grave ! Ce qui est grave, c'est que ça se voie. Donc si vous n'avez rien foutu, pour être discret, faites-en des caisses !

Prenons un cas concret : un invité vient en promotion présenter son livre, vous ne l'avez pas lu. Le grand bluff commence :

1) Impressionner et flatter l'invité

« Bien sûr que j'ai lu ce livre. J'ai lu ce livre avec d'autant plus d'intérêt que j'avais adoré vos deux livres précédents : *Titres des deux livres précédents.* »

L'invité acquiesce, ravi. Bon, pour les titres des autres bouquins, c'est au début dans la bibliographie ou sur Wikipédia. *(Temps de préparation de la référence : 10 secondes. Difficulté : nulle.)*

2) Avoir un avis tranché

La tiédeur est suspecte. Donc enchaînez les phrases pompeuses qui ne veulent rien dire : « Ce livre est tout simplement un livre majeur parce qu'il bouscule, donc il nous fait réfléchir. Je n'ai pas envie d'en dire trop pour ne pas gâcher le plaisir de la découverte des lecteurs... » Attention, vous êtes à la limite du faux cul donc vous redevenez suspect. Heureusement, il y a la phase 3 : le détail qui tue.

3) Donner dans la précision

Ôter tous les doutes en ouvrant une page au hasard, genre « J'ai pas lu que les dix premières pages. » Par exemple, la page 69, c'est rigolo pour vous, et ça fait le mec qui recherche un truc précis. Vous êtes page 69, et là, vous pointez d'un doigt sûr un passage en reprenant : « Je ne veux pas gâcher le plaisir des lecteurs mais je ne peux résister à l'envie de vous citer quand vous dites... » EXTRAIT et vous reprenez : « Je pense que ça résume bien l'état d'esprit du livre, et c'est pour ça que pour moi, c'est un livre essentiel. »

L'invité est sous le charme, il explique le passage que vous avez choisi et en guise de remerciement vous lance un regard plein de gratitude, contrastant bien avec celui de vos collègues chroniqueurs qui vous détestent.

Métro

J'aime prendre les transports en commun. Pour des raisons de commodité assurément, d'écologie évidemment, mais surtout parce que des gens viennent me parler. Des échanges qui font toujours du bien au moral...

« Ça fait bizarre de vous voir dans le métro. (Silence) C'est marrant, parfois on voit les gens à la télé, après on les voit en vrai et on est déçus.

— Merci, bonne journée à vous aussi. »

Mimétisme

Ça m'énerve quand un chien et sa maîtresse sont habillés de la même manière. Déjà, habiller les chiens, j'ai du mal avec le concept. Mais si la maîtresse veut vraiment ressembler à son chien, qu'elle assume jusqu'au bout, et qu'elle arrête de s'épiler !

Mineurs

C'est marqué dans le règlement des salons d'esthétique, les mineurs n'ont pas le droit aux UV. C'est dégueulasse, parce que ce n'est pas au fond de la mine qu'ils vont bronzer.

Minibar

Pourquoi, dans les minibars, les prix sont-ils toujours prohibitifs ? Quel est le con qui négocie les prix auprès des fournisseurs ? 6 euros le sachet de 45 g de cacahuètes ! Il est incompétent le mec ! Il doit être trop gentil, il se fait arnaquer.

Je me suis souvent demandé pourquoi, dans les chambres d'hôtels, le minibar était à côté du coffre-fort. Maintenant je sais, c'est pour que le voleur ait le choix au moment du cambriolage.

Ministre

J'aime que les ministres aient un compte Twitter. C'est rassurant. Tu peux leur poser directement des questions sur la crise et eux, ils peuvent te répondre LOL.

Miss France

Il faut faire minimum 1 m 70 pour participer au concours. Donc comme Miss France représente les Françaises, en dessous de 1 m 70, vous n'êtes pas des Françaises, vous êtes des échantillons.

Moche

« Elle est moche. Vraiment. Même elle, elle le sait. Attendez, une barre de sourcils sans trou au milieu, y a qu'au Muppet Show que ça a du charme. Et puis les verrues plantaires, ce n'est plus du tout à la mode. Même sur les pieds. Alors sur le visage... »

Monochromie

Quand on ne s'y connaît pas bien en peinture, le plus difficile à apprécier, c'est le monochrome. Vous savez, ce tableau d'une seule couleur, uni, quoi. Tableau qui est surtout remarquable parce qu'il a été fait au pinceau alors que la facilité aurait été de le faire au rouleau. C'est beau, ce tableau tout blanc à 1 000 000 euros, mais heureusement que le type qui vous a repeint le salon ne savait pas qu'il vous faisait des monochromes, sinon ça aurait fait mal.

Monologue

Les Monologues du vagin, c'était alléchant. J'y suis allé, j'ai été très déçu. La comédienne parle avec sa bouche.

Monoprix

Deux mecs ont tweeté qu'ils m'avaient vu au Monoprix. Merde, si j'avais su que c'était un sujet intéressant, je l'aurais tweeté avant eux.

Monsieur

Mais pourquoi, du jour au lendemain, tout le monde s'est mis à me vouvoyer et à m'appeler monsieur ? Comment s'est passée la bascule ? Enfin, ce n'est pas que pour moi. Comment ça se passe ? Est-ce qu'il y a des réunions de jeunes qui délibèrent pour savoir qui va passer au vouvoiement ?

Morale enfantine

Un enfant n'en a rien à foutre de la morale.

Vous avez déjà été à un spectacle de Guignol ? Quand le gendarme interpelle les enfants :

« Les enfants, il est où Guignol ?

— Là-bas ! »

Il n'y a pas un gamin qui essaie de couvrir Guignol, il n'y a que des petits enfoirés dans la salle ! Sérieusement, vous avez déjà entendu un enfant de 3 ans répondre : « Euh non, il est hors de question que je collabore avec la police. Je ne suis pas une balance. Faites votre boulot, mais ne faites pas de moi votre complice. » Tu parles ! Et si le gendarme fait semblant d'aller dans l'autre sens, ils deviennent fous : « Là-bas, on a dit ! »

Les enfants sont mignons, oui, mais ce sont aussi des pourritures.

Donc si vous avez dénoncé votre collègue qui passait trop de coups de fil perso au bureau, ne culpabilisez plus, c'est juste que vous avez gardé votre âme d'enfant. Que vous êtes pur.

MST

Il paraît que si tu fais l'amour sans te protéger, tu peux choper des maladies. J'ai un pote, il n'a pas fait gaffe, il était bourré, il a fait l'amour à une fille, il a chopé un enfant ! Ça peut arriver à tout le monde ! Et l'enfant, après, c'est à vie, c'est incurable ! Au début, les symptômes sont bénins, tu n'arrives plus à dormir des nuits complètes, mais après ça se gâte. Il ne faut pas rigoler avec ça ! À 14 ans, c'est quand même la seule maladie qui te demande un scooter pour se propager ailleurs. Oui, parce que ça se propage de diverses façons. Il n'y a pas que les voies sexuelles. Tu peux aussi te choper des enfants par un second mariage.

Musicien du métro

Je n'aime pas les gens qui chantent faux dans le métro et qui après tendent leur main en disant : « Pour la musique ! » Pour la musique ? Qu'ils changent au moins leur argumentaire ! Là, c'est comme si un mec égorgeait des chatons devant toi et après te demandait de l'argent pour les nourrir.

Mythe

C'est important les mythes. Les enfants croient au Père Noël et les adultes croient au mariage.

Mythomane

« J'ai écrit 2 543 chansons. Si vous ne les connaissez pas, c'est parce que je ne les ai pas toutes finies. Mais vous allez bientôt en connaître certaines parce que j'ai écrit le prochain album de Patrick Cliquot. Ben, Patrick Cliquot... Son clip, enfin son film de vacances, est passé sur M6 une nuit. Je pense qu'il va faire mal. D'ailleurs, le titre de son album, c'est *Je vais faire mal*. Pour l'instant il fait pitié, mais je pense qu'après il va faire mal. »

« Vous voulez que je vous chante un truc ? Je vous préviens, je monte un peu haut dans les aigus... Non, je vous préviens parce que, avec ma voix, j'ai déjà cassé des abribus ! »

« Alors, je vous plais ? Non, je n'ai pas dit "s'il vous plaît", j'ai dit "je vous plais ?", point d'interrogation. Que je vous laisse mon téléphone ? Ben, c'est gênant parce que je m'en sers quand même... »

N

Lettre factuelle permettant de répondre simplement aux questions les plus incongrues, notamment dans les questionnaires de satisfaction.

Exemple à la sortie d'un hôpital :

- Vous venez de vous faire retirer un rein, êtes-vous satisfait ? O/N
- Conseilleriez-vous à des amis de se faire retirer un rein chez nous ? O/N
- Dans les 5 ans à venir, comptez-vous vous faire retirer un autre organe ? O/N

NAC

Les NAC, c'est le doux acronyme qu'on donne aux « nouveaux animaux de compagnie », à savoir les animaux appartenant à des espèces autres que le chien et le chat. Certains humains sont audacieux et vont même jusqu'à adopter des crocodiles. Bonne idée pour la fête des voisins. Mais ça pose plusieurs questions : si j'ai un crocodile et que je le sors pour qu'il fasse ses besoins, suis-je obligé de ramasser ses crottes ? Parce que je ne sais pas comment il va le prendre. Et seconde question, devrai-je mettre un panneau sur ma porte : « Attention, crocodile méchant » ? La question étant : est-ce que ça existe les crocodiles gentils ?

Naïveté

J'ai lu une news très surprenante : un Malaisien a commandé sur Internet un kit pour agrandir son pénis. Et ça a marché ! Deux semaines plus tard, il a reçu... une loupe ! Et le pire, c'est qu'il n'a même pas pu porter plainte ou demander un remboursement puisque, visuellement, l'objet a bien tenu ses promesses. J'espère juste pour lui qu'il n'a pas essayé de l'agrandir en plein soleil.

Naturisme

Le seul intérêt du naturisme, c'est que, quand ta femme te surprend avec une jeune femme nue, tu peux toujours lui faire croire que tu discutais.

Négociation au Bois

« Les clients négocient les prix ! L'autre jour, il y en a un qui vient me voir avec 2 euros et qui me dit : "Qu'est-ce que tu peux me faire pour ça ?" Moi, je lui réponds : "Pour 2 euros, je peux te tâter une boule ! Et si tu en rajoutes 2 de plus, je peux te jouer des castagnettes !" Non, mais quand même ! Bientôt ils vont vouloir que je les suce contre un ticket-restaurant ! »

Nom

De qui l'enfant doit-il porter le nom ? Du papa ? De la maman ? Je pense qu'il ne faut pas se précipiter, être patient et attendre que l'enfant se développe. S'il est con, je préfère qu'il prenne le nom de ma femme.
Et pour les couples qui se marient ? Monsieur Putain épouse mademoiselle Salope. Si elle ne veut pas prendre son nom, tu imagines les conversations ? « Je ne serais jamais une Putain, je veux rester une Salope ! »

Nom de maison

Même si la tradition s'est un peu perdue, on peut donner un nom à sa maison. J'aime beaucoup cette idée. En revanche, je tiens à préciser que ma maison ne s'appelle pas « Connard de la télé », c'est juste des gens qui ont tagué ça sur mon mur.

Notoriété

L'autre jour, un type me voit et me dit : « Ouah ! Mais vous êtes Jean-Luc Lemoine ? J'adore vos émissions... Je peux vous serrer la main ? » Je ne réponds pas... « Je peux vous serrer la main ? » Je me suis exécuté à contrecœur... J'étais obligé sinon je passais pour une tête de con. Bon, il faut que je vous précise que cette scène se déroulait dans les toilettes d'un cinéma et que le mec m'avait reconnu en remontant sa braguette, avant de se laver les mains. Ce n'est pas que je me la joue mais à ce moment-là, le type, j'aurais préféré lui faire la bise.

Nouvel An

Il y a ceux qui se disent que ça serait vraiment super original de faire l'amour au passage du Nouvel An ! Parce qu'il paraît que, si ça se passe bien à ce moment-là, c'est une année de bonne baise. Tu as quand même intérêt à bien calculer ton coup parce que si tu finis à 23 h 58, c'est foutu. Donc, il faut faire très attention. Avant, c'était beaucoup plus simple, on avait des repères. Pour être sûr de réussir, tu allumais ta télé. Sur les bêtisiers, tu attaquais les préliminaires, sur les pubs tu commençais l'acte et dès que tu voyais Patrick Sébastien te souhaiter la bonne année, tu finissais ! En même temps, si tu avais réussi à rester excité en regardant les bêtisiers, les pubs et Patrick Sébastien, tu la méritais bien ton année de bonne baise.

Nuisance sonore

À décibels égaux, je suis étrangement plus dérangé par le bruit que fait mon voisin chétif que par le bruit de mon voisin qui mesure deux mètres.

O

Lettre en forme d'alliance pour les jeunes mariés, en forme de trou pour ceux qui ne croient plus en l'amour.

Œil du chien

Mon chien me regarde quand je fais l'amour. Dès que je suis avec une fille, il se met au pied du lit, et il regarde, les yeux pleins de tendresse. Et mon problème, c'est que je ne sais pas si c'est parce que je lui manque ou juste parce que c'est un gros vicelard.

Est-ce qu'il se rend compte de ce qu'il voit ? Ou est-ce que c'est moi le détraqué de penser que, en nous matant, il prend son pied ? Enfin son pied... qu'il prend sa patte ? C'est un vrai problème. Quand je suis avec une fille un peu expressive, je suis obligé de lui dire avant : « Bon alors tu dis ce que tu veux : "Oh oui je te sens bien", "Vas-y continue", "Oh, mais vous êtes à combien en moi ?" Tu dis ce que tu veux, mais surtout tu ne dis jamais : "On va se promener" ! »

Alors je sais que c'est rare les filles qui disent « On va se promener » quand elles font l'amour, mais quand même... Je préfère faire gaffe parce que le chien, il peut devenir fou. Elle dit ça, il saute sur le lit avec sa laisse ! Vous imaginez la situation ? Moi, la fille, le chien avec une laisse en cuir et un collier à clous. Si elle ne me prend pas pour un pervers, c'est qu'elle est très compréhensive !

C'est très troublant d'être observé par son animal. Parce que finalement tu t'y habitues... Et ça te prend la tête. Parce que quand le chien s'endort en te regardant, tu te dis que t'as raté quelque chose ! Que tu n'as pas été assez performant... Ça te coupe tout. À l'extrême limite à ce moment-là, la fille tu t'en fous, tu veux juste donner du plaisir au chien.

Olympisme

Les Jeux olympiques modernes ont été initiés par un Français, le baron Pierre de Coubertin, qui avait eu la bonne idée de dire : « L'important ce n'est pas de gagner, mais de participer. » Bon... Moi je suis d'accord avec ça, mais à ce moment-là, il aurait fallu l'expliquer à tout le monde. Parce que, depuis, les Français participent et les autres pays gagnent.

Opéra

J'ai essayé de rentrer dans la troupe de danseurs, mais on m'a vite fait remarquer que ça n'existait pas les gros rats de l'opéra.

Opération commerciale

Les supermarchés ont-ils le même calendrier que nous ? En février, j'ai vu dans les rayons des œufs de Pâques. La galette des rois à Noël, j'avais pris sur moi, mais là... Est-ce qu'il y a vraiment des gens qui achètent des œufs deux mois à l'avance pour bien les cacher dans leur jardin ?

Origine

Il y a des gens qui naissent avec une cuillère en argent dans la bouche. Moi, je suis né avec une touillette.

Orthographe

Quand tu vois l'orthographe de certains posts, tu te dis que si Bernard Pivot s'est mis sur Twitter, c'est pour faire *Rendez-vous en terre inconnue*.

P

Un temps tombé en désuétude, le P a connu une seconde jeunesse lorsque l'on s'est aperçu que précédé de deux points (:P), en penchant la tête, on pouvait imaginer un petit bonhomme tirant la langue. Ce n'est que quinze jours plus tard, quand on s'est rendu compte que ça n'avait aucun intérêt, que le P est retombé en désuétude.

Pain

Je suis pour le pain industriel. Un pain artisanal, tu ne peux faire que le manger. Alors qu'une baguette industrielle, au bout de 12 heures, tu peux aussi t'en servir comme matraque. Ou assommer des pigeons en leur jetant des miettes.

Palpation

Je ne sais jamais comment réagir quand je passe le portique à l'aéroport. Est-ce qu'on est obligés d'être coopératif quand on est palpés ? Est-ce qu'on est obligés de dire : « Tu brûles, tu es froid » ?

Panneau

Pourquoi, à l'abord de toutes les écoles, trouve-t-on des panneaux « Attention enfants » ? Quelqu'un a-t-il déjà vu des enfants attaquer des voitures ?

Panne sexuelle

Il ne faut jamais reconnaître une défaillance sexuelle.

Moi, je n'ai jamais de panne, je fais parfois des pauses. Et quand vraiment ça ne marche toujours pas, c'est que ce ne sont pas des pannes, mais que mon sexe est claustrophobe et qu'il n'aime pas être dans des espaces confinés.

Papier toilette

Pourquoi ils se fatiguent à faire du papier toilette à plein de parfums ? Parce que, au final…

Pâques

Comme je vis seul, à Pâques, je cache des œufs pour me faire des surprises. Mais comme je sais où je les ai cachés, je m'ennuie vite.
Je trouve que c'est bien de cacher les œufs, surtout si tu as un chien. En général, le chien est plus rapide que les enfants, donc quand les enfants trouvent les œufs, le chien les a déjà tous léchés ! Ça donne plus de goût !

Paquet de cigarettes

Sur les paquets de cigarettes normales, on peut lire : « Fumer provoque des maladies graves ». Alors pourquoi sur les paquets de cigarettes « light » n'est-il pas inscrit : « Fumer provoque des maladies moins graves » ? Est-ce qu'on nous mentirait ?

Paradoxe

C'est quand même étrange tous ces gens qui demandent à être suivis sur les réseaux sociaux et qui s'énervent dès qu'on les suit dans la rue.

Parc d'attractions

Les gérants des grands parcs d'attractions sont pour la plupart irresponsables. Certaines activités sont inaccessibles aux personnes faisant moins de 1 m 32 ! Pour pouvoir les faire quand même, j'ai été obligé de faire porter des talons aiguilles à mes enfants. Franchement ! Des talons aiguilles dans un manège où tu te retrouves la tête en bas, ils se rendent compte à quel point c'est dangereux ?

Parent adoptif

« Nous, on a de l'amour à donner : notre chien est mort ! Il s'est suicidé le jour de son anniversaire. On lui avait fait un gâteau avec 7 bougies. En voulant les souffler, il a pris feu. Je crois qu'il ne supportait pas l'idée

de vieillir. En le voyant brûler, avec ma femme, on s'est dit que c'était un signe du destin, que c'était le moment pour nous d'avoir un gamin. »
« Non, et puis moi je veux un héritier, quelqu'un qui puisse transmettre notre nom de famille aux générations du futur, un bon petit Prout. Oui, je m'appelle Didier Prout. Non, on ne peut pas faire un vrai Prout alors on est prêts à en adopter un. On ne peut pas à cause de ma femme. Ben, ça m'embête de le dire devant vous, mais bon... Ma femme est trop moche. On ne peut pas prendre le risque de faire un petit crapaud ! Si le gamin prend tout du côté de ma femme, sa vie est foutue ! »

Paresse

Glander au travail quand vous travaillez à mi-temps, il ne doit plus rester grand-chose.

Paris

Cocorico ! J'ai lu dans un magazine que Paris était la ville la plus chère de la planète. J'espère que cette information est fausse, même si elle est plausible. On aurait pu être la capitale de la qualité de vie, du bien-être ou du romantisme, non, on est juste la ville la plus chère du monde ! Pendant longtemps on a appelé Paris la ville Lumière, là j'ai l'impression qu'on est en train de payer la facture d'électricité !
Mais attention, je ne veux pas exagérer, la vie est chère, mais tu peux t'en sortir. Avec 600 euros, tu ne peux pas avoir un studio, mais si tu trouves un propriétaire compréhensif, tu peux quand même louer une porte. Et après, tu peux inviter des gens chez toi pour leur faire visiter ton paillasson.
Non, le problème, c'est quand tu n'as pas d'argent, comme les étudiants. Là, tu es mal. Heureusement, il y a une solution pour tout à Paris. Tu es étudiant et tu ne peux pas payer ton loyer ? Pas de problème, arrête tes études !

Parité

À travail égal, je suis pour l'égalité des salaires. Enfin, si on aligne les femmes sur les hommes et pas le contraire.
Certains regrettent que, dans les livres scolaires, on masque le rôle joué par les femmes dans l'Histoire, qu'on ne le mette pas assez en valeur. Je pense qu'ils exagèrent... Il y a plein de femmes mises en valeur. Prenez Jeanne d'Arc, elle a pris des initiatives, elle a fini sur un bûcher.

Paroles et chansons

On ne prend pas le temps d'analyser les paroles des chansons françaises. Je n'exagère rien. Au hasard, prenons-en une... *Un lapin* de Chantal Goya.

« Ce matin un lapin
A tué un chasseur
C'était un lapin qui
Avait un fusil. »

Il n'y a rien qui vous choque ? Un lapin avec un fusil... Comment le tient-il ? Vous avez déjà vu la taille des pattes d'un lapin ? Va attraper le fusil ! Et même posé par terre... il faut vraiment ne pas avoir de bol pour que le petit lapin mette sa papatte poilue sur la gâchette juste au moment où le chasseur passe devant ! À la limite si les paroles étaient : « C'était un lapin qui avait des copains qui avaient un fusil. » La vérité, c'est que le chasseur en question a dû être buté par des chasseurs bourrés et que pour éviter le scandale, on a préféré accuser les lapins ! Parce que le lobby des chasseurs est plus puissant que le lobby des lapins. « Allô Chantal ? Oui, il faut que tu nous donnes un coup de main. Oui, un sale accident. Il faut que tu fasses accuser les lapins... Mais si, ça va passer... Et puis, tu nous dois bien ça. Tu étais bien contente quand on t'a ramené un pandi panda de Chine ! Oui, c'était illégal, c'est une race protégée. »

J'ai longtemps cherché pourquoi on avait gobé l'histoire du lapin armé et finalement j'ai trouvé... En fait, on a testé sur nous les lavages de cerveaux musicaux. Le but, c'était de nous chanter n'importe quoi pour voir jusqu'où le cerveau humain pouvait se ramollir. Je n'invente rien. Arrêtons-nous un instant sur quelques grandes chansons françaises. Commençons par *Où sont les femmes ?* de Patrick Juvet.

« Elles ne parlent plus d'amour
Elles portent les cheveux courts
Et préfèrent les motos aux oiseaux. »

T'as deux options : fromage ou dessert, ou bien motos ou oiseaux. Moi, je dis que les femmes méritent plus de choix. Les oiseaux, ce n'est pas suffisant. Par exemple, motos ou crème brûlée. Moi, on me demanderait : « Tu préfères une moto ou un oiseau ? », je ne saurais pas quoi répondre. Je sais que je suis chiant, mais je trouve que ça n'a pas la même utilité. Pour un anniversaire, je dirais une moto mais à manger, je préfère un oiseau.

En parlant d'oiseaux, Claude François disait :

« Viens à la maison, y a le printemps qui chante
Viens à la maison, tous les oiseaux t'attendent. »

Ben bien sûr, ils ont que ça à foutre les oiseaux ! Ils sont là, toute la journée, ils t'attendent. Moi, quand je reçois des gens chez moi, je préviens les pigeons sinon ils font la gueule. « Oh merde, t'aurais pu nous dire ! Si on avait su qu'il venait, on se serait habillés ! »

Vous avez compris la machination ? On nous fait gober n'importe quoi, les gens sont perdus, donc ils acceptent tout, même l'intolérable. Comme Début de soirée avec *Nuit de folie* :

« Et tu tapes ! tapes ! tapes !
C'est ta façon d'aimer ! »

Moi, je dis que ce n'est pas de l'amour, c'est des violences conjugales ! Et on l'a tous chanté ! Parce qu'ils ont réussi... Notre cerveau est tout mou, notre crâne est tout vide. Si on nous a laissé des trous de nez, c'est juste pour qu'on puisse souffler dedans et se servir de notre tête comme d'un ocarina.

Partouze

« Ça ne te brancherait pas avec Christine ? Non, non, mais c'est comme tu veux... Non, mais je disais ça comme ça ! Tu sais, ça n'a rien de choquant. C'est avant tout des réunions de gens qui ont envie de s'amuser. Si tu veux, il y a quelques années, on faisait une raclette et après on faisait un Pictionary. Maintenant, on fait une raclette et après on fait l'amour. Et souvent, on fait même plus la raclette ! »

« Ça a aussi vachement changé nos rapports sociaux. Par exemple, mon patron... Avant, c'était froid, très boulot-boulot, rapport patron-employé. Depuis qu'il est venu dans nos soirées, tout a changé. Un bon conseil, si ton patron t'ennuie, fouette-le avec ta verge ! Ça va briser la glace ! »

Paternité

Je suis comme tout le monde, je veux un enfant mais, à chaque fois, au moment de passer à l'acte, il y a une question qui vient me pourrir l'esprit : s'il est moche, qu'est-ce que je fais ?

Personne n'a jamais eu cette crainte ? Ne soyons pas hypocrites... S'il est con, je peux lui faire faire du sport, mais s'il est moche ?

Je suis désolé, ça me fait flipper. Non, mais il faut y penser à tout ça parce qu'à l'accouchement, quand il pointe sa petite tête, c'est trop tard, tu ne peux pas dire : « Euh non, c'est bon, vous pouvez le rerentrer celui-là, j'attendrai le prochain ! »

Et après, qu'est-ce que tu dis à ta femme ? « Quoi ? Tu veux le prendre dans tes bras ? Non ? Je ne pense pas que tu sois prête... On va d'abord te faire une péridurale des yeux... »

C'est là où je me demande s'il ne vaut mieux pas adopter un bouledogue. Le bouledogue, il est laid, mais au moins, tu sais que tu l'as pris pour ça.
Oui, je sais, on ne peut pas comparer un chien et un enfant... C'est vrai, le chien ne dira jamais papa, mais s'il atteint l'âge de 15 ans, lui, quand il te verra, il te fera toujours la fête.

Pêche aux requins

Pour appâter les requins, des pêcheurs se serviraient de chiens vivants... Je ne sais pas quoi dire. C'est compliqué : quand on abandonne les chiens avant les vacances, les gens ne sont pas contents ; et quand on les emmène au bord de la mer, les gens gueulent aussi.
Plus sérieusement, quel esprit tordu a imaginé cette abomination ?
Parce que s'il y a bien deux animaux qui n'auraient jamais dû se rencontrer, c'est le chien et le requin... À part dans un bal masqué.
Je serais un chien, j'abandonnerais les humains.

Peinture

Quand je fais un bilan de mes compétences, je m'aperçois que je m'y connais bien... à peu près en rien. Alors je bluffe.
À une expo de peinture, si vous ne savez pas quoi dire alors que tout le monde attend votre avis, prenez votre temps ! Ce qui compte, ce n'est pas ce que vous allez dire, mais comment vous allez le dire. Il suffit de regarder la toile, l'air inspiré... Et au bout d'un moment, lâchez : « Il y a tout ! C'est épuré... et pourtant tellement exhaustif. »
En général, plus vous êtes évasif, moins vous prenez de risques.
Soyez juste prudent sur le sujet de votre attention. Moi, une fois, j'ai dit « il y a tout » pour impressionner mes amis... avant que le gardien ne m'explique que j'étais en train de regarder les consignes en cas d'incendie.

Père Noël

Dans les années 1970, le Père Noël a été accusé par les féministes d'exploiter sa femme pendant qu'il s'octroyait le beau rôle de distributeur. Mais elle n'a qu'à y aller dans le traîneau, à se peler avec les rennes et à jouer les contorsionnistes dans les cheminées, la Mère Noël ! Non, madame préfère rester à la maison pour regarder *Sissi impératrice* !

Permis

À Paris, personne n'a le permis de conduire. Sinon ils ne conduiraient pas comme ça.

Permis à points

Il y a quand même d'autres méthodes que le permis à points pour sécuriser les conducteurs. En premier lieu, je préconise de retirer autre chose que des points. Enlevons des éléments de la voiture. Une erreur ? La radio. Deux erreurs ? Le pare-brise. Essaye de conduire vite sans pare-brise ! Trois erreurs, le volant ! Ça, ce serait efficace !

Personnalisation

Je me suis dit que ça serait bien de personnaliser mon annonce de répondeur le jour où j'ai reçu ce message :

« Oui, bonjour, madame, c'est la maman de Jean-Luc, est-ce que vous pourriez lui dire que j'ai appelé pour prendre de ses nouvelles ? »

Oui, ma mère parle à la voix de l'opérateur. Elle est persuadée que j'ai une standardiste qui vit dans mon portable. C'est pour ça qu'elle ne laisse jamais de messages trop personnels.

Donc, je lui ai expliqué que c'était juste une voix préenregistrée, que je ne connaissais pas la dame qu'on entendait et qu'elle pouvait parler en confiance. Ça a tout changé.

« Oui, bonjour, madame, c'est encore la maman de Jean-Luc. Alors mon fils m'a tout expliqué donc je voulais savoir si vous pouviez lui demander s'il venait manger dimanche. Et, d'autre part, je me disais que si vous étiez disponible, ça pourrait être bien que vous veniez aussi pour que vous fassiez quand même connaissance. »
Là, j'ai renoncé.

Pessimisme

Quand un chasseur revient bredouille, il boit de l'alcool pour oublier. Le problème, ce sont les chasseurs pessimistes. Dès le matin, ils savent qu'ils vont revenir bredouilles, donc ils boivent avant de partir.

Petit

Je voudrais souligner ici le pouvoir érotique de l'adjectif « petit ». Vous avez remarqué ? Tu le colles à tous les mots, ça marche ! Une blouse ? Bof... Une petite blouse ? Ah oui... Une infirmière ? Moyen, tu imagines une infirmière revêche qui vient piquer les fesses de ta grand-mère. Une petite infirmière ? Tu vois tout de suite une petite coquine. Justement, une coquine, c'est une enfant farceuse, une petite coquine, c'est une adulte joueuse. Une cochonne, c'est une truie. Une petite cochonne, tout de suite, ça le fait plus. Une grosse cochonne aussi, mais c'est vraiment le seul cas où tu peux utiliser l'adjectif gros pour t'exciter. Parce qu'une grosse infirmière avec une grosse blouse, normalement, ça ne t'affole pas. Sauf si tu es un gros malade.

Petite enfance

Mon fils, quand je reçois des gens chez moi, à l'heure du bain – le sien, de bain, pas le mien, hein, parce que personnellement, j'organise très peu de soirées où je lave les gens – donc quand je reçois des gens à l'heure de son bain, ça ne le dérange absolument pas de traverser l'appartement tout nu pour aller se faire laver.

Un adulte, il n'ose pas. On lui a dit que ça ne se faisait pas de se trimbaler à poil pendant que les gens prennent l'apéro. Alors que, franchement, est-ce que ça ne serait pas agréable de venir voler une cacahuète, de se rouler tout nu sur le tapis et de repartir en rigolant sous le regard attendri des invités ? Et éventuellement de demander au patron de sa femme un petit bisou péteur sur le bidon ?
Un enfant, ça ose tout. On ne lui a pas encore dit ce qu'il n'avait pas le droit de faire, donc il kiffe.

Petite taille

Ça y est, on peut trouver des préservatifs taille XS. Évidemment, c'est une bonne nouvelle pour tous ceux qui, jusqu'à présent, étaient obligés de faire un ourlet à leur capote. Mais déjà que certains avaient honte d'aller acheter des préservatifs taille normale, là il va falloir assumer grave ! « Non, ce n'est pas pour moi, c'est pour offrir... à mon hamster. »

Photo de classe

Je crois que, enfant, tu te rends compte que tu es laid le jour où, pour une photo de classe, la maîtresse te dit que c'est mieux que tu ne sois pas sur la photo... « Sinon elle ne va pas se vendre ! »

Photo de profil

Il faut faire attention aux photos de profil sur les réseaux sociaux. C'est comme un CV, les gens qui ne te connaissent pas, ils te jugent là-dessus.
Une fille m'envoyait des messages privés pour que je l'accepte en amie et comme je ne répondais pas, elle s'énervait de plus en plus...
« Mais tu fais chier ! Pourquoi tu ne me réponds pas ?
— Parce que ta photo de profil, c'est une photo de pitbull dans un combat de chiens. Désolé, mais je ne parle pas aux pitbulls ! »
Non, mais sérieux, il faut arrêter de mettre des photos de chien ou

de chat comme photo de profil. Qu'est-ce que ça envoie comme message pour la personne qui ne te connaît pas ? Que ça fait tellement longtemps que tu es seul que ton animal de compagnie est sans doute le dernier être vivant qui accepte de t'écouter ? Ou, pire, qu'en toute objectivité, ton chien est quand même beaucoup plus photogénique que toi ?

Piercing

Je me suis fait un piercing au pied. J'ai marché sur un clou.

Pingre

Il était tellement radin qu'il ne sortait qu'avec des anorexiques.

Pissotière

Qui a inventé les pissotières design ? En forme de bocal, avec déclenchement automatique de la chasse d'eau dès que tu t'approches. Vous savez, c'est comme un bocal, et grâce à cette forme ronde, la chasse d'eau te renvoie à la fois de l'eau et un peu d'urine du mec qui est passé avant toi. Donc si tu veux rester propre, tu n'as qu'une solution, t'éloigner au maximum pour ne pas déclencher la chasse d'eau. Mais pourquoi les gens qui rentrent dans les toilettes me prennent pour un prétentieux quand je fais pipi à deux mètres de la pissotière ?

Pitbull

Le pitbull, c'est quand même le seul chien à qui tu lances un bâton, à qui tu dis « Va chercher ! », et qui te ramène un arbre.

Place de parking

Je ne supporte pas les gens qui te volent ta place de parking en toute décontraction.

« Quoi ? Tu ne pouvais pas savoir que j'attendais ? Attends, je suis dans l'allée avec ma bagnole, le clignotant est mis, tu crois que je prends de l'élan pour aller me garer plus loin ? »

Plage

Les plages françaises rétrécissent à vue d'œil. Il y a à peu près 1 mètre de plage qui disparaît par an. C'est pour ça qu'il faut dire aux gens qu'on n'aime pas de s'allonger près du bord. Avec un peu de chance, dans un an, ils auront disparu.

Plan cul

« Tu comptes vraiment. Hein ? Pourquoi je ne te présente pas à mes amis ? Mais parce que ça ne fait que 5 ans qu'on est ensemble ! Non, je n'ai pas honte de toi. Ce n'est pas ça. Mais dans mon métier, c'est important de laisser l'illusion que tu es célibataire. Ben, pour le rêve ! Je t'assure, s'il n'y avait pas cette part de rêve, je vendrais beaucoup moins de sandwichs à la boulangerie ! »

Poignée d'amour

Il paraît que les filles trouvent les poignées d'amour rassurantes. Si c'est vrai, je me demande bien pourquoi. Parce qu'elles aiment bien avoir un petit truc flasque à tripoter, comme une boule antistress ou juste parce qu'elles savent que, à cause de ça, leur mec aura du mal à aller voir ailleurs ? Ou bien c'est plutôt les mecs qui se rassurent en pensant que leurs copines kiffent leurs bourrelets ?
En tout cas, si c'est vraiment vrai, ma femme peut être pleinement rassurée : je n'ai pas de poignées d'amour, j'ai des anses.

Point G

Encore aujourd'hui, il n'y a toujours aucune preuve officielle de l'existence du point G. Personnellement, je le savais, c'est pour ça que je n'ai jamais cherché à le trouver chez mes partenaires, je ne voulais pas perdre de temps. Et d'ailleurs, mes partenaires m'en sont reconnaissantes car, grâce à moi, elles sont toujours restées dignes pendant l'acte sexuel, elles n'ont jamais hurlé.

Alors là bien sûr, si le public de ce livre est essentiellement masculin, il doit se demander de quoi je parle. Oui, parce que pour la plupart des mecs, Clitoris, c'est un personnage d'Astérix, alors le point G...

Donc, on va faire un cours de sexologie accéléré. Le point G serait une zone fortement érogène de la femme, découverte en 1950 par l'Allemand Ernst Grafenberg – d'où point « G » –, une sorte de bouton d'appel de l'ascenseur vers le plaisir, comme diraient les plus poètes. Je dis « serait » parce que, depuis sa découverte, il y a juste des convictions, pas de preuves. Si tu tapes sur Googlemaps « point G », la localisation, elle n'est pas précise, précise. Et tu n'as même pas de photos qui t'indiquent les commerces à proximité.

Donc, pour en avoir le cœur net, des chercheurs du King's College de Londres ont fait une étude sur 1 800 jumelles... Ne me demandez pas comment ils ont fait l'étude, en tout cas, bizarrement, il y avait beaucoup de volontaires... Les chercheurs en sont arrivés à la conclusion que le point G n'était qu'un mythe.

Donc, en plus d'avoir perdu leur temps, les mecs ruinent le moral de toutes celles qui, après des années de collaboration étroite avec des chercheurs amateurs rencontrés en boîte de nuit, pensaient avoir trouvé leur point G.

Ça aurait pu s'arrêter là, mais non, cette étude a en plus provoqué un véritable tollé ! Articles de presse, interventions de gynécologues, colloques pour rétablir la vérité... Le point G existe ! Ça fait du bien quand les gens se mobilisent pour un vrai sujet !

En fait, on nous explique qu'il existe, mais qu'il n'est pas placé partout pareil et qu'il ne déclenche pas toujours un orgasme. Super, ça valait le coup de s'énerver. Il serait placé entre 1 et 4 cm de l'entrée du vagin et aurait la taille d'une pièce de 50 centimes. Ça, c'est l'info qui m'a déprimé. Prenez dans votre porte-monnaie une pièce de 50 centimes. Regardez sa taille. Comment, nous les hommes, on peut passer à côté de ça ? Dans une botte de foin, je comprendrais mais là, si ça fait vraiment cette taille, vu où ça se trouve, c'est comme jouer à cache-cache dans un studio ! Normalement, tu trouves facile. Je crois que les hommes sont des nuls et c'est pour ça qu'ils ont commandité l'étude du King's College.

Politesse

C'est incroyable comme les gens qui te demandent toutes les 5 minutes si « ça va ? » finissent toujours par te mettre le doute.

Politicien

On peut légitimement être consternés par le niveau de certains débats pendant les élections. Avant, on devait se taper des discours enflammés, très littéraires, maintenant on assiste à des batailles de petites phrases, dignes de provocations de cour d'école. Et je pense que c'est ça qui m'a poussé à aller voter. Parce que, aller voter pour des politiques, je n'étais pas très chaud, mais si c'est pour élire mes délégués de classe, je pense que je peux me déplacer.

Politique

La droite et la gauche, on a essayé. Le centre aussi. Pourquoi on n'essayerait pas maintenant d'aller vers le haut ?

Politiquement correct

J'avoue que je n'ai pas toujours été irréprochable au volant. Quand un chauffard me faisait une queue de poisson, il m'arrivait de lancer des « Va te faire enculer, connard ! » On m'a fait comprendre que je ne pouvais pas dire ça, que cette injonction était excessive, que je ne pouvais pas forcer quelqu'un à se faire sodomiser juste parce qu'il avait eu son permis de conduire avec, sans doute, beaucoup de réussite. Donc, je me suis dit que « Connard ! » suffirait bien. Là encore, on m'a expliqué que je portais un jugement trop définitif sur une personne que je connaissais à peine, voire attentatoire à sa réputation et que cela pourrait se retourner contre moi. J'ai alors timidement proposé : « Va donc, hé patate ! » On m'a dit que c'était mieux, mais que la connivence dans le « hé patate ! » pouvait être interprétée comme un manque de respect, voire du racisme social, la patate étant l'appellation familière de la pomme de terre. Du coup, quand on me fait une queue de poisson aujourd'hui, j'en suis à « Va donc, hé monsieur le féculent ! ».

Pollution

Quand le pic de pollution est élevé, on nous demande de rouler moins vite. Mais ne devrait-on pas plutôt rouler plus vite pour fuir la pollution ?

Pornographie

Je ne regarde pas les films porno, mais je suis comme tout le monde, je tombe dessus par hasard très régulièrement.

Porn star

Quand on est une star du porno et qu'on a tout vécu au niveau sexuel, c'est quoi le fantasme ultime ? Être allongé dans un lit avec quelqu'un et ne rien faire ?

Portable

Je suis contre l'utilisation du portable en voiture, il y a beaucoup trop d'endroits où on ne capte pas.

Postérité

Je suis un mec qui passe à la télévision, cette boîte qu'on laisse allumée pour se tenir compagnie. Donc je suis un élément d'un bruit de fond. Et grâce à ça, on se souviendra de mon nom. Et ceux qui auront l'outrecuidance de l'oublier s'en mordront les doigts car, comme tous mes glorieux prédécesseurs, un jour j'aurai ma photo dans les mots fléchés et ceux qui m'auront oublié ne pourront pas finir leur grille. Bien fait pour leur gueule !

Pot de fleurs

Un mec s'est approché de moi, a fait un selfie et est reparti. Sans me dire un mot... C'est officiel, je suis un pot de fleurs.

Pou

Je m'en fous des poux. Mes cheveux sont tellement sales que de plus grosses bêtes y vivent, et elles mangent les poux.

Pragmatisme

Quand il fait trop chaud, il y a de la pollution. Quand il pleut, il y a des inondations. Donc j'espère que demain, le temps sera juste couvert.

Première fois

La première fille à qui j'ai fait l'amour m'a dit :

« C'est la première fois que je couche avec un puceau.

— Comment tu sais que je suis puceau ?

— Parce ce que, ça, c'est mon nombril. »

Préservatif

Au lieu de faire des capotes avec réservoir, goût, relief, ils feraient mieux de faire des capotes avec femmes. C'est surtout ça qui compte, parce que, moi, j'ai les capotes, mais je n'ai pas les femmes.

Prétentieux

Je ne supporte pas les gamins prétentieux qui pensent savoir tout sur tout et qui la ramènent en permanence. L'autre jour, il y en a un qui prend son air hautain et qui dit à mon fils :
« Ah bon, t'as même pas vu *L'Empire contre-attaque* ?! La honte ! Eh ben à la fin, Dark Vador, il apprend à Luke que c'est son père ! Tu le savais pas, ça !
– Non, il ne le savait pas ! Et toi, tu savais que ton père, en vérité, ce n'est pas ton père ?! Eh ben nous, à la maison, on le savait ! »
Le gamin est parti en pleurant... C'était faux, mais ça m'a fait rire.

Prêtre

Les prêtres ont plus de 65 ans en moyenne. Qu'est-ce que ça veut dire ? Que les jeunes ne veulent plus être prêtre ou que, pour être prêtre, il faut être bac + 47 ?
C'est avantageux de faire venir des prêtres de l'étranger. Avec un peu de chance, quand vous allez vous confesser, il ne comprend rien et vous donne l'absolution !

Prévention

Même si tu veux lutter contre le tabac, si un condamné à mort te demande une dernière cigarette, peux-tu vraiment lui refuser en lui disant que c'est mauvais pour sa santé ?

Producteur

Quand tu es jeune humoriste, tu rêves d'attirer l'attention d'un producteur, un professionnel expérimenté qui donnera tout ce qu'il peut pour que le monde entier découvre ton génie. Bon, ça, c'est la version de la brochure... Dans les faits, tu croises beaucoup de mythomanes qui vont de salles en salles pour prodiguer leurs appréciations moisies à des jeunes en mal de reconnaissance. C'est très animal tout ça.

Le « pro de la prod » repère tout de suite celui ou celle qui, même s'il ne gobera pas tout, acceptera de l'écouter monologuer dans le froid à la sortie d'un café-théâtre. C'est un échange de bons procédés : ils ne travailleront jamais ensemble, mais le temps d'un soir, ils feront semblant d'y croire car ça les rassurera l'un et l'autre. Car s'ils se parlent, ils existent encore dans le métier.

Ce qui donne des appréciations de spectacle souvent surréalistes.

« J'étais là, ce soir. J'ai vu le spectacle. J'ai vu tout le spectacle. J'aurais pu fermer les yeux de temps en temps, mais non, j'ai tout regardé. J'ai tout vu... Tu ne veux pas savoir ce que j'en pense ? Bien. Très bien. Il y a un moment où c'était faible, mais même quand c'était faible, c'était bien. Toi, ta force, c'est que tu fais du bon faible. »

« Tu connais le festival d'Avignon ? De théâtre ? Oui ? Bon, tous les ans, il y a le festival In et le festival Off. Toi, je vais te faire faire le festival Out. C'est-à-dire en dehors d'Avignon. Plus proche des gens. Je t'ai trouvé un théâtre génial en pleine campagne. En plus, tu seras le dernier artiste à jouer dedans. En septembre, ils le démolissent. »

« Je négocie actuellement un partenariat avec la prévention routière. On va lancer l'opération "Une aire d'autoroute - Un rire". Je te fais jouer sur les aires, tu fais un carton. Les touristes, ils passent, ils t'écoutent, ils t'aiment. Résultat, l'année suivante, aux prochaines vacances, tu as du bouche-à-oreille. Il faut juste que tu adaptes un ou deux sketchs en hollandais. »

« Avant, les comiques étaient moches. Maintenant, ce sont des beaux mecs... Toi, tu as un physique de l'ancienne époque. »

« À la rentrée, je te mets à la radio. Pour que les gens connaissent ta gueule, il faut qu'ils t'entendent. Aujourd'hui, si je faisais une affiche avec ta tête, les gens croiraient qu'il y a des soldes chez Mondial Moquette... Si, tu as une tête de vendeur de chez Mondial Moquette. Ne le prends pas mal, mais c'est comme ça ! Alors que si je te mets à la radio, après je fais une affiche, les gens se disent : "Tiens, il y a le type de Mondial Moquette qui fait un spectacle !" Identification produit, donc désir de consommation ! »

« Ton talent, si on ne t'aide pas, c'est de la merde ! Tu sais ce qu'on dit : tu peux avoir le meilleur café du monde, mais si tu n'as pas de cafetière, ne propose pas du café. »

Professeur

J'ai un profond respect pour les professeurs en général et pour ceux de gym en particulier. Parce que c'est très difficile de rester digne quand tu passes toute ta vie en survêtement.

Propreté

Pour les mecs célibataires, y a deux types de fringues : les fringues sales et les fringues sales-mais-mettables.

Prostituée

Une fille en minijupe qui attend le bus pendant 4 heures à un endroit où il n'y a pas d'arrêt de bus, c'est une prostituée. Une fille en minijupe qui attend le bus pendant 4 heures à un endroit où il y a un arrêt de bus, ce n'est pas une prostituée, c'est une fille qui n'a pas les horaires de bus.

Protection

Pourquoi personne n'a pensé à inventer des voitures avec des airbags dehors pour les gens qu'on renverse ?

Prudence au volant

On nous dit que le kit mains libres perturbe la vigilance au volant. J'imagine alors que la radio aussi. De même pour les gens qui nous parlent en voiture. Donc soyez responsables, arrachez les sièges passagers pour ne pas être perturbé !

Psychopathe

« Je suis bien avec toi... Tu veux des enfants ? Non, mais là tout de suite ! Si tu veux, je vais dans la rue, j'en attrape un. »

Public

Oui, OK, c'est important de plaire aux gens quand on est artiste. Mais il faut se détendre aussi ! Je pense qu'il faut casser ce rapport de séduction artiste-public. Sinon c'est l'aliénation ! C'est vrai, on s'en fout du public, c'est juste du décor pour l'artiste. Moi, je vais vous dire, il m'est arrivé de jouer devant des salles complètement vides... Eh ben, ça marchait beaucoup mieux que quand il y avait du monde !

Publicité

J'avoue être nostalgique des publicités de mon enfance. C'était quand même autre chose ! Les créatifs se donnaient de la peine, ils te faisaient rêver ! Ils t'expliquaient qu'avec tel liquide ultra-dégraissant, ta vaisselle toute dégueu allait ressortir nickel... que le produit avait été testé par les ingénieurs de la Nasa. Oui, car dans les années 1970, le grand argument de vente dans les publicités, c'était : « Testé par les ingénieurs de la Nasa » ! Comme s'ils n'avaient que ça à foutre !
« Dis qu'est-ce qu'on fait pour la navette qui vient d'exploser ?
— Je ne sais pas... J'ai du produit vaisselle à tester, je ne peux pas tout faire. »
Bon, c'était n'importe quoi, mais au moins il y avait de la recherche, du respect pour les pigeons. Maintenant ils ne s'embêtent plus, ils y vont direct. Tu es en voiture, tu entends à la radio : « Tu veux savoir si ta femme te trompe ? Appelle Cocu au 8 12 12. » Ah oui d'accord, carrément... Bon... Toi, dans le doute, tu appelles, tu te dis c'est bizarre quand même, mais c'est possible... il y a peut-être une standardiste, perdue dans un centre d'appels au Maroc ou en Hongrie, qui connaît

mieux ta femme que toi. Parce que ta femme, au moment où elle te trompe, elle appelle le service Cocu, pour les prévenir... Au cas où tu voudrais savoir... Elle a quand même une éthique, ta femme ! Elle est avec son amant : « Excuse-moi, on va continuer à s'embrasser longtemps où tu comptes me pénétrer à un moment ? Non, parce que sinon, j'ai un petit coup de fil à passer avant. » Donc, toi, tu appelles et là tu tombes sur une fille avec un accent impossible qui te dit : « Bonjour, je m'appelle Anne-Elisabeth de Bourbon Montmorency, que puis-je pour vous ? Vous voulez savoir si votre femme vous est infidèle ? Écoutez, je ne sais pas mais par contre si vous voulez savoir si vous venez de perdre de l'argent, appelez Couillon au 8 13 13. » Bon... Toi, dans le doute, t'appelles Couillon au 8 13 13...

Public télé

Le public qui assiste aux enregistrements télé est sans doute le mieux éduqué de tous les publics. Contrairement aux salles de spectacle, les gens qui le composent ne font jamais la gueule, ils sont toujours enthousiastes, ils applaudissent à tout. C'est presque trop. Tu dis bonjour, ils applaudissent. Tu t'assois, ils applaudissent. Tu annonces la pub, ils font une ola, parce que c'est vrai que c'est une bonne nouvelle de regarder des pubs de lave-linge. Tu fais une vanne moyenne, ils applaudissent encore ! Pour les amuseurs, c'est le rêve, ils rigolent à tout ! Bon, il y a quand même un chauffeur de salle pour leur rappeler qu'ils doivent trouver ça drôle. Parce que, parfois, ils oublient de s'en rendre compte.

Q

Lettre de la bonne humeur permettant plein de jeux de mots faciles, accessibles dès l'école primaire :

« Maîtresse, j'ai fini ma ligne de lettres, est-ce que je peux vous montrer mon Q ? »

Kevin, CE1

Utilisable également à l'âge adulte.

Questions fondamentales

- Si une femme aux seins siliconés allaite son enfant, le bébé risque-t-il d'avoir des lèvres au collagène ?
- Pourquoi, quand on veut décrire une jolie brune, on dit toujours « une brune piquante » ? C'est à cause de ses poils ?
- Qu'a fait Dieu le 7e jour ? Est-ce qu'il a fait un brunch, comme tout le monde ?
- Pourquoi on fabrique des voitures qui vont à 240 km/h alors qu'on ne peut rouler qu'à 130 ?
- Pourquoi on vend des cigarettes alors qu'on ne peut plus fumer nulle part ?
- Pourquoi on nous montre des top models alors qu'on ne couchera jamais avec ?
- D'après vous, pourquoi on est frustrés ?

Queue

Mesdames, si votre chien remue la queue, c'est qu'il est content. Si votre mari en fait de même, ce n'est pas qu'il est content, mais qu'il souffre de Parkinson.

R

Lette tès impotante de l'alphabet. Sans elle, vos phases isquent d'ête difficiles à compende.

Rabâchage

Je n'aime pas les gens qui te répètent deux fois la même chose parce qu'ils pensent que tu es trop con pour comprendre dès le premier coup. Je n'aime pas les gens qui te répètent deux fois la même chose parce qu'ils pensent que tu es trop con pour comprendre dès le premier coup.

Radio

Avant la télé, je faisais un peu de radio. Le jour où je suis apparu à l'écran, tout a changé, les gens ont commencé à m'aborder dans la rue, avec des remarques que je n'attendais pas : « Oh c'est marrant, quand je vous écoutais à la radio, vous faisiez plus gros. »

Rappel

Dans un spectacle, le rappel, c'est un vrai problème. C'est la dernière impression que vous laissez au public. En général, il faut finir fort ! Donc il faut mettre un sketch super costaud en rappel. Et c'est ça qui est chiant : vous mettez votre meilleur sketch à la fin et vous ne le jouez pas parce que, parfois, il n'y a pas de rappel !

Reconnu

« Je vous connais de la télé. » Oui, il y a des gens qui me disent ça, comme si c'était une région de France.

Reconnu bis

Tournage d'un film. Hôtel en rase campagne. J'ouvre ma fenêtre, je tombe nez à nez avec un canard. Il me fixe. Longtemps. J'ai cru qu'il m'avait reconnu. Mais en fait non, les canards aiment juste fixer. Note perso : je crois que je perds complètement les pédales.

Record

Il existe un record du monde d'ouverture d'huîtres les mains dans le dos. C'est utile. Au cas où vous seriez pris en otage et que vous receviez quand même des gens à dîner.

Record d'apnée

À partir de quand on homologue la durée d'un record d'apnée ? Est-ce que, à un moment, il faut relever la tête ? Parce que j'ai un ami qui a essayé de battre le record, ça fait deux ans qu'il a arrêté de respirer et, *a priori*, il ne respirera plus.

Recyclage

Je veux bien recycler mes piles, mais je les mets dans quelle poubelle mon oncle et son pacemaker ?

Réflexe conditionné

Pourquoi les gens dansent quand la lumière clignote ?
Dans une boîte de nuit, si la lumière est stable, les gens ne dansent plus. Tu la refais clignoter, les gens dansent. Moi je dis que si on avait des feux de signalisation plus rapides, on aurait une super ambiance au passage piéton.

Réformé

J'ai été réformé, mais ça n'a pas été une grosse perte pour l'armée française. Franchement, j'aurais ralenti les autres.

Regard

Certains ont le regard tellement vide que tu sais qu'il te suffit de coller ton oreille contre leur bouche pour entendre la mer.

Régime

Je suis fasciné par la récurrence des sujets « régimes » dans les magazines féminins. Je voudrais tellement assister à une conférence de rédaction.

« Alors qu'est-ce qu'on a comme sujet ? “Mincir avant les fêtes” ? C'est pas mal... C'est pas mal, mais va falloir arrêter quand même. Il y a deux mois, on a fait “Mincir avant la Toussaint” et juste avant, “Mincir avant la rentrée”. À mon avis, les lectrices, ça fait longtemps qu'elles ne bouffent plus ! Ça y est, je sais ce qu'on va faire, j'ai l'idée : “Grossir avant le prochain dossier minceur” ! »

Regrets

Pourquoi, chez moi, j'ai mis du crépi... au sol ?

Rencard

Il faut arrêter de mentir sur les profils de sites de rencontres. Ou alors un peu, par coquetterie, il y a une marge acceptable.

Mais là, la dernière femme que j'ai rencontrée, au niveau âge, elle avait dû s'enlever 52 ans. D'accord, je recherche une femme, mais je précise : une femme qui peut encore servir ! Elle, elle était blette. Ah si, si ! Elle s'est endormie pendant le repas à cause de ses médicaments. Qu'est-ce que je fais dans un dîner aux chandelles avec une femme qui a la tête dans la purée et le dentier qui déborde de la bouche ? Non, ce n'est pas très glamour.

Oui, la beauté intérieure, je sais... Vous êtes gentil, mais moi je n'y suis pas toujours à l'intérieur ! Il faut quand même qu'elle soit présentable.

Rentrée des classes

On a l'impression que les poux arrivent toujours un mois après la rentrée des classes. Pour être aussi ponctuels, est-ce que ça veut dire que les poux ont aussi des vacances scolaires ?

Repas de Noël

Le seul truc à ne jamais faire à Noël, c'est de proposer aux enfants de faire le menu. J'ai un pote, il y a quelques années, pour faire plaisir à son fils, il lui a demandé ce qu'il voulait manger.
« Des nouilles !
— Non mais attends, c'est la fête, tu peux demander quelque chose de mieux.
— Ah bon, d'accord ! Alors des coquillettes ! »

Répondeur

Pourquoi sur les répondeurs on a souvent le message : « Laissez votre message après le bip » ? Ça veut dire qu'il y a des gens qui essaient de le laisser avant ?

Réseau social

Les mecs qui se mettent torse nu sur leur photo de profil misent-ils vraiment tout sur la qualité de leurs tweets ?

Résolution

Cette année, j'ai décidé de ne plus finir mes phrases parce que je pense que...

Respect

« Respect » est un mot important, au sens fort. C'est sans doute pour ça qu'il est autant et aussi bien utilisé par les jeunes : « Vas-y comment tu me parles ? Eh oh, je te respecte alors tu me respectes, enculé de ta mère ! »

Restaurant

Moi, ce que j'aime au restaurant, c'est les couverts mal lavés. J'ai l'impression de faire une affaire, je mange un peu d'un plat que je n'ai pas payé.

Retrait

On m'a enlevé 1 point sur mon permis de conduire. Tout ça parce que je roulais à 56 km/h sur une route limitée à 50. Le policier m'a expliqué que c'était grave, beaucoup plus grave qu'un stationnement interdit par exemple.

C'est bon à savoir. Si un jour j'écrase quelqu'un, je ne dirai pas que je l'ai écrasé, je dirai que je stationne illégalement sur elle. Je risque moins.

Rhume

Je n'aime pas les gens qui éternuent dans leurs mains et qui te font ensuite une accolade discrète juste pour s'essuyer.

Rirothérapie

Certains chercheurs s'intéressent très sérieusement aux bienfaits de la bonne humeur. Il faut rire beaucoup. Sans raison, en se forçant... C'est sans doute pour ça que certains animateurs télé sont très en forme.

Risque

J'aime le risque. Par exemple, je fais régulièrement mes lacets sur un escalator, un œil sur la chaussure, l'autre sur la marche qui va bientôt disparaître. Je sais, je suis un aventurier.

Rollers

Quand je fais du roller, il faut me mettre des protections, ainsi qu'à toutes les personnes que je croise...

Romance

Les femmes sont romantiques alors que les hommes sont pragmatiques. Les femmes voudraient croire à l'amour absolu alors que les hommes y croient vraiment, tant qu'ils n'ont pas trouvé une autre femme.

Romantisme

Je regrette l'époque où on pouvait encore accompagner l'être aimé sur les quais de gare, jusqu'au moment du départ. L'époque où l'amoureux transi courait après le train pour faire durer un peu plus le temps des adieux.

Je regrette, mais c'est logique. Ils avaient déjà fait ça pour les aéroports. Avant, les gens couraient après les avions sur les pistes de décollage. C'était drôle, dès que le moteur se mettait en marche, les gens étaient happés dans les hélices.

Rottweiler

Il y a des chiens d'attaque et des chiens de défense. Quand je vois un rottweiler, moi, je sais ce que c'est un chien de défense mais, lui, est-ce qu'il le sait ?

Route

Pourquoi on met des platanes au bord des routes ? Pourquoi on ne met pas des arbres à caoutchouc ? Au moins, en cas d'accident, les voitures rebondiraient.

Routine

Après des années de vie commune, la vigilance baisse, les attentions s'estompent, l'autre se sent devenir un ectoplasme et, dans un sursaut d'orgueil ou de lucidité, décide de vous quitter, non sans vous avoir balancé tout ce qui lui pesait depuis des années. Vous êtes seul sur votre barque, en pleine mer, face à une tempête de reproches, avec pour seules armes deux petites rames.

« Quels gestes de tendresse ? Non, je suis toujours pareil. Les petits bisous ? Attends, les petits bisous, c'est quand je te dis bonjour. Je ne vais pas te dire bonjour toute la journée ! Avant ? Avant, avant... Avant, je n'avais pas de mémoire, je ne me souvenais pas que je t'avais déjà dit bonjour ! Non, je ne me moque pas. Mais je ne veux pas que tu partes. Je me suis habitué à toi, moi ! Maintenant, tu es plus qu'une présence. On a bâti trop de choses ensemble. Et puis on aime les mêmes séries télé ! Ça compte quand même ! Tu ne peux pas tout balayer comme ça ! »

Vous vous démenez, mais vous savez qu'il est déjà trop tard. Alors quand tout est perdu, seule la sincérité peut encore sauver le couple.

« Écoute, Laëtitia, je vais compter jusqu'à 5. À 5, si tu veux encore partir, je ne te retiendrai pas. 1) Une fille célibataire à ton âge, pour se recaser, c'est chaud. 2) L'appartement est en mon nom et tu ne récupéreras jamais ta caution. 3) Si tu me quittes, j'aimerais bien que tu me rendes tous les cadeaux que je t'ai faits. 4) Je vais être tellement triste que je sens que je vais me consoler avec tes meilleures copines. 5) Franchement, t'as beaucoup plus de charme que de beauté. Alors ?

Et voilà, elle chiale ! Arrête, je ne t'en veux pas. Allez, viens dans mes bras. Mais moi aussi je t'aime... »

Rustre

Je n'aime pas les lourdingues qui branchent les filles dans la rue en criant : « Hé, mademoiselle, t'es bonne ! » Parce que, franchement, elles ne le sont pas toujours.

S

Lettre m'as-tu-vu. Essentiellement connue pour être écrite en gros sur le pyjama qui sert de costume à Superman.

Sac

L'un des plus grands mystères des filles réside dans leurs sacs. Il leur en faut des tonnes. Parce qu'une fille sans un sac... c'est comme un playmobil sans accessoires. On sent qu'il y a la petite main qui ne sert à rien. Il faudrait juste qu'on m'explique le plaisir qu'elles ont à porter un sac ! Parce que, nous, les mecs, c'est tout l'inverse, moins on en a, mieux on se porte. Si on pouvait, l'ordinateur portable, on le mettrait dans le jean, entre la ceinture et le slip. Comme ça, à l'arrache, juste pour avoir les mains libres.

Les filles, non, elles aiment porter. Enfin, les sacs en cuir ou en toile. Les sacs de courses, elles aiment moins.

J'ai essayé de comprendre, j'ai demandé à ma compagne qu'elle m'explique ce besoin irrépressible de sac. « Ben juste pour avoir à portée de main tout ce dont j'ai besoin, il y a toute ma vie dans ce sac ! » Et c'est là que, sans avoir un doctorat de géométrie dans l'espace, j'ai compris qu'elle pouvait me mentir en me regardant droit dans les yeux. À moins que selon les jours, sa vie tienne dans une grosse besace ou dans une petite pochette.

Saint-Valentin

Déjà, ce que je voudrais rappeler, c'est que la Saint-Valentin est une fête mixte. Non, je le précise parce que, la plupart du temps, on attend que ce soit l'homme qui fasse un cadeau. Ça va dans les deux sens !

Alors comment célébrer la Saint-Valentin ? Si vous n'avez pas d'argent, soyez malin... Avant, pour faire des économies, le 13 février, je disais à ma compagne : « Écoute, au point où on en est, je pense que ça serait bien qu'on fasse un break. » Elle, elle me répondait :

« Mais pourquoi ? On s'entend super bien. On ne s'engueule jamais.

— Justement, tu ne trouves pas ça bizarre ? Un couple qui ne s'engueule jamais. C'est ça que tu veux pour nous ? Dis, c'est ça que tu veux ? »

Bon, le temps qu'elle comprenne la phrase, moi j'étais déjà parti et je revenais la voir le 15. Ça marche une fois, deux, si votre copine n'est pas très vive. Tout le temps, si elle a Alzheimer. De toute façon, je ne conseille cette idée à personne parce que le 15, pour vous rabibocher, ça vous coûte encore plus cher que si vous aviez fait un cadeau le 14.

Non, ce que je conseille en revanche, c'est de vous renseigner auprès de votre mairie car, bien souvent, des initiatives sont prises pour fêter la Saint-Valentin. Dans les grandes villes par exemple, vous pouvez envoyer un message à l'être aimé en vous servant des panneaux lumineux d'information. C'est romantique. Bon, le message passe une fois toutes les 6 heures, donc il y a peu de chances que la personne concernée tombe dessus, mais si vous l'obligez à rester toute la journée dans le froid devant le panneau lumineux, ça peut marcher.

À condition bien sûr qu'il n'y ait aucun dysfonctionnement et que les messages d'amour ne se mélangent pas avec ceux de la ville. Sinon, vous pouvez vous retrouver avec des trucs du genre : « Solange, je t'aime, tu es la femme de ma vie, mon sourire dans la nuit, je n'ai jamais osé te l'avouer mais voilà je voulais te dire : N'OUBLIEZ PAS DE RAMASSER LA CROTTE DE VOS CHIENS ! »

Oui, ça tue un peu l'amour.

Donc mon conseil pour la Saint-Valentin : faites ce que vous pouvez !

Salaire

Il y a trop de scandales dont on ne parle pas. Est-ce qu'on pense aux loisirs de nos jeunes ? Il faut savoir qu'en banlieue, il y a des jeunes qui ne peuvent pas casser la voiture de leurs profs parce que leurs profs n'ont même pas les moyens de s'en acheter une !

Salle d'attente

J'ai lu ce matin dans *Paris Match* que Lady Di était morte. Après, j'ai laissé un pourboire au docteur pour qu'il achète des nouveaux magazines.

Santé

Certains hommes se plaignent qu'on parle moins du cancer de la prostate que du cancer du sein. Mais il faut être honnête. Moi, si j'étais médecin, je préférerais faire une palpation mammaire qu'un toucher rectal.

Sauvage

Je suis resté sans voix en lisant un article qui expliquait que, dans Paris, il y avait des sangliers et des renards. Mais comment font-ils pour vivre ? Vous avez vu le prix des appartements ?

Sauvetage

Quand tu sauves la vie de quelqu'un, tu as le droit à des félicitations. Mais quand tu sauves la vie de quelqu'un qui veut se suicider, est-ce que tu te fais engueuler ?
C'est super dur de sauver quelqu'un s'il n'est pas d'accord. Moi je vois, cet été, j'ai essayé de secourir une fille dans l'eau. Eh ben, elle se débattait, elle ne se laissait pas faire. Bon c'est vrai aussi qu'elle ne se noyait pas, mais quand même !

Sébum

J'ai eu beaucoup d'acné. À une époque, j'en avais tellement que si on regardait bien entre mes boutons, on pouvait voir mes yeux.
Et encore, je n'étais pas le pire. J'avais un copain acnéique blond. Oui, parce qu'il y a une grande solidarité entre les boutonneux et il y a des codes : deux boutonneux se serrent la main, ils ne se font jamais la bise. Et d'ailleurs entre eux, ils ne disent pas se faire la bise, ils disent s'éclabousser.
Les blonds ont la peau plus claire que les bruns. Je parle des vrais blonds. Au repos, mon pote était blanc avec des points rouges. Dès

qu'une fille lui parlait, il devenait rouge avec des points blancs ! « Oh, c'est bien, tu as des reflets qui changent. »
Pour rentabiliser ses boutons, il avait passé un casting pour une lotion anti-acné. Recalé, ils trouvaient qu'il en avait trop, que ça ne faisait pas crédible. Et puis, de toute façon, les mecs qui font les pubs pour les lotions anti-acné, ils n'ont pas de boutons. C'est pour ça qu'ils ont le recul de faire ces pubs.
« Hum, ta peau est superbe ! C'est parce que tu utilises ce gel ?
—Non, c'est parce que je suis mannequin ! »

Secrétariat

Un jour, tout sera automatisé, il n'y aura plus de secrétaire médicale. On fera une demande de rendez-vous chez le médecin et une voix synthétique nous répondra sans émotion, sans fioritures. C'est dommage, j'aimais beaucoup l'absurdité des messages qu'on me laissait : « Oui bonjour, monsieur, c'est le secrétariat du docteur Pouchet. Vous avez demandé un rendez-vous pour un problème de dos urgent. Donc le docteur peut vous recevoir dans 2 mois, le 8 à 18 heures 45. Maintenez-vous le rendez-vous ? »

Sécu

Pour résorber le trou de la Sécu, il faudrait que les gens soient moins malades. Or, qui déclare que les gens sont malades ? Le médecin. Donc chassons tous les médecins de France.

Sécurité routière

Il faudrait interdire la conduite aux gens très moches parce que quand ils se regardent dans le rétroviseur, ils peuvent avoir peur et perdre le contrôle du véhicule.

Séducteur

« Vous vous sentez coupable ? Votre mari ? Laissez-le où il est, il ne vous mérite pas. Il ne vous regarde plus. Il vous considère comme une vieille salade qui n'aurait plus besoin d'être assaisonnée, qu'on laisserait sécher au fond de la cuisine... Tandis que moi, quand je vois une belle laitue comme vous, je ne rêve que d'une chose : être une limace pour pouvoir vous baver dessus ! »

Séduction

Un ami m'a dit que ce qui faisait vraiment craquer les filles, c'était les pères de famille. Nous voir au square nous dépatouiller avec nos enfants, ça nous rendait touchants, vulnérables et sexy. J'avoue que ça m'a pas mal réconforté.
Surtout qu'il a raison ! Je le vois bien, la voiture familiale avec les sièges enfants, ça excite beaucoup les top models ! Elles n'en ont rien à foutre des voitures de sport ou des jets privés, ce qu'elles veulent, c'est aller faire un tour en Scenic avec des pare-soleil Dora l'exploratrice !

Séduction bis

L'art de la séduction tient beaucoup à l'observation. Si vous voyez une jolie fille avec des culs de bouteille, vous savez que, si vous cachez ses lunettes, vous avez une chance de lui plaire.

Seine

J'ai grandi au bord de la Seine. Quel fleuve magnifique !
La Seine ! Le seul cours d'eau au monde où tu peux pêcher du poisson pané.
Tu peux également te suicider en te jetant dans la Seine. Tu es sûr de réussir parce que, même si on te repêche, tu sais que dans les deux ans, tu vas mourir d'une maladie de peau. Eh oui, à Paris, on n'a pas le temps de rigoler. On fonce.

Self coiffure

Il existe des salons de coiffure en self-service, où on vous prête le matériel pour réaliser un « self brush », avec les conseils de pros. Je comprends le souci d'économie, mais je trouve ça d'une tristesse infinie, que chacun se débrouille dans son coin. On perd le lien social. Ça va donner quoi ma journée ? Self coiff' – manger au self – laver ma voiture en self-service – rentrer chez moi me faire une self conversation puisque je suis tout seul et, après tout ça, je pense que je vais me faire un self suicide.

Selfie

Il y a beaucoup trop de mots qui commencent par « self » dans notre langage usuel. Si on reprend l'étymologie du mot « self », c'est-à-dire « démerde-toi tout seul », l'utilisation excessive de ce préfixe n'augure rien de bon concernant la qualité de nos relations sociales. Les selfies par exemple. C'est la fin d'une civilisation. Avant, il y avait du dialogue, de l'échange... Tu avais des amis pour faire des photos de toi. Maintenant, tu es tout seul comme une merde, tu ne sais pas quoi faire alors tu tends le bras et tu prends des photos de toi pour t'occuper. Il y a des gens qui en font quarante par jour. C'est grave. Mais le pire, c'est qu'ils font quarante fois la même photo. Parce que le plus dur dans le selfie, c'est de trouver l'angle qui te donne une tête correcte, enfin une tête que toi tu peux accepter. Alors une fois que tu l'as trouvée, tu refais toujours la même chose. En général, c'est en plongée, la tête un peu inclinée, avec un sourire issu d'un savant mélange entre la joie et la gastro-entérite. Avec la bouche en cœur. Tu rencontres une fille sur un réseau social, tu la trouves pas mal avec sa tête tordue. Tu la vois en vrai, tu ne la reconnais même pas.

« Mais si c'est moi enfin ! Attends, monte sur la chaise, regarde ! Voilà ! Alors, je te plais ?

— Ben oui, tu me plais, mais si on veut que ça dure entre nous, il va falloir que j'achète des échasses et que toi tu aies toujours ta tête de psychopathe. »

Selfie en duo

Avez-vous déjà fait un selfie avec quelqu'un ? C'est toujours la même chose, tu te cadres bien, l'autre est tout flou à côté, on voit à peine la moitié de sa tête, mais tu t'en fous ! Ce qui compte, c'est que, toi, tu sois bien ! Le selfie en duo, c'est comme la plupart des rapports sexuels : au mieux un seul des deux prendra du plaisir.

Séparation

C'est difficile de quitter quelqu'un. Il faut trouver les mots justes, réussir à expliquer les choses sans blesser l'autre.

Donc, si je peux vous donner un sale conseil, si vous voulez quitter quelqu'un lâchement, le plus simple, c'est de commencer par : « Ce n'est pas de ta faute ! » (avec un non de la tête). Oui, c'est faux cul, mais ça marche. Le problème, c'est qu'après ça s'enchaîne.

« Hein ? Non, ce n'est pas de ma faute non plus. Ben, c'est la faute de la vie. Elle nous a réunis et maintenant elle nous sépare. Oui, nous sommes des jouets, des pantins de l'amour. Elle s'amuse à emmêler les fils de nos sentiments pour mieux les couper d'un coup de ciseaux assassin. Mais moi non plus, je ne peux pas vivre sans toi. Mais tant pis, après nous, je vivrai à moitié. Je préfère souffrir que de te faire souffrir. Je préfère être détruit que de te détruire. Je préfère pleurer que de te voir pleurer. Évidemment, c'est pour ça que je pars. Et aussi parce que j'aime plus ta gueule. »

Oui, à un moment il faut dire la vérité sinon ça peut durer des plombes !

Sensibilité

Les filles pleurent pour un rien. Ce n'est pas un lieu commun, c'est la vérité. Les mecs ne sont pas comme ça. C'est fatigant de pleurer donc le mec, il attend avant de pleurer, il veut être sûr qu'il y a une bonne raison. Un garçon qui regarde *La Petite Maison dans la prairie*, où il y a une petite fille tuberculeuse, il attend qu'elle meure avant de pleurer. Il ne veut pas se faire avoir au cas où il y aurait une fin heureuse. La fille, dès qu'elle entend que la petite fille est malade, elle commence à renifler. Vous savez, ce petit « SNFFF ».

« Tu pleures ?

– Non.

– Si, tu pleures.

– Mais noooon, je te dis ! »

Vous savez, avec la voix qui part dans les aigus sur le « non » agacé. Elle ne sait pas encore ce qu'elle a, la petite. Elle a peut-être juste un panaris, elle pleure quand même ! Parce que les filles, c'est sensible. Et puis c'est moins vif qu'un garçon. Ben si, quand une fille dit à un garçon « je t'aime », le type enregistre tout de suite l'info, il est content. Alors qu'une fille, tu lui dis la même chose, elle n'imprime pas, elle te le redemande toute la journée, pour se rassurer.

Sentimentalisme

Qu'est-ce qu'on a le droit de faire avec son animal domestique ? Si c'est le sien ? Ma sœur, quand son yorkshire est mort, elle en a fait une trousse. Est-ce que c'est permis ?

Se rassurer

Quand on avance en âge, on cherche désespérément des motifs d'espoir, on se hasarde à chercher quelque chose qui nous rassure. Il y a plein de choses qu'un vieux peut faire et qu'un jeune ne peut pas. Voilà... Ne me demandez pas quoi parce que, personnellement, je n'ai pas trouvé.

Si, à la limite, un vieux peut sortir avec une fille beaucoup plus jeune que lui sans finir en prison. Un type de 60 ans peut sortir avec une fille de 20 ans, 3 fois plus jeune que lui donc, alors qu'un mec de 18 ans, s'il veut sortir avec une fille 3 fois plus jeune que lui, ça devient

glauque. Je ne dis pas que pour le type de 60 ans, ce n'est pas glauque, mais c'est légal.
Je sais bien qu'il est pourri mon exemple. Alors que si j'avais dit : « l'avantage d'un vieux par rapport à un jeune, c'est qu'il peut se marcher sur les couilles », ça avait le mérite d'être plus clair, mais ça m'empêchait d'avoir une bonne critique dans les journaux un peu chics.

Série télé

Ce que j'aime, c'est manquer les premiers épisodes d'une série et regarder le dernier avec des gens qui l'ont suivie. Eux, ils sont concentrés, ils attendent le dénouement. Il y a une tension ! Et c'est là que j'interviens. Dès qu'il y a un type à l'écran : « C'est qui, lui ? Et pourquoi il fait ça ? Et lui, c'est qui par rapport à l'autre de tout à l'heure ? »
J'ai perdu beaucoup d'amis.

Serveuse

En province, ils ont des serveuses, nous, à Paris, on a des mannequins. Elles te regardent l'air de dire : « Oui, je sais que je suis belle, c'est pour qui l'andouillette ? » C'est la classe, tu te fais servir par des mannequins qui sortent de la cuisine en faisant la gueule, comme si elles défilaient, qui viennent jusqu'à ta table, te montrent ton filet de bœuf et repartent vers la cuisine avec toujours le plat dans les mains. Car, dans les défilés, on leur a expliqué que, au bout du présentoir, il faut repartir dans l'autre sens. C'est super Paris, tu ne manges jamais, donc tu ne grossis pas. Si tu ne grossis pas, tu maigris. Si tu maigris, tu peux devenir mannequin et si tu es mannequin, tu peux devenir serveuse ! Paris, c'est la ville de tous les rêves !

Sexo

Je lis beaucoup les articles qui ont trait à la sexologie. Surtout quand le titre est accrocheur. « Les signes qui montrent qu'elle n'est pas satisfaite. » Bon, ce n'est pas dans l'article mais déjà, si elle s'est barrée, vous pouvez vous poser des questions... L'article avance certains signes. Par exemple, si elle a pris du poids, ça veut dire qu'elle compense son manque de sexe en mangeant de plus en plus. C'est intéressant parce que ça veut dire que si la fille mange des paninis pendant que vous lui faites l'amour, c'est vraiment que vous ne lui faites aucun effet. Autre signe, si elle fait des commentaires inhabituels dans les conversations avec vos amis. Alors là, les journalistes ne sont pas très précis, ils ne disent pas de quel genre de commentaires il s'agit. Mais bon, j'imagine que si en public, elle a arrêté de vous appeler « mon chéri » pour vous appeler « petite bite », il y a peut-être un message. Si elle se transforme en vraie planche pendant vos ébats, le magazine dit qu'il y a un souci d'ordre sexuel. Ou qu'elle est morte. Ça, je suis moyen d'accord. Parce que, et je vais parler de mon expérience perso, j'ai été une fois avec une fille qui ne bougeait pas beaucoup, et ce n'est pas qu'elle ne prenait pas de plaisir, c'est juste qu'elle s'était endormie. Eh ben, quand je l'ai réveillée, elle m'a dit qu'elle m'avait trouvé super, mais que par contre ça serait bien qu'on ne se rappelle pas.

Shooting photo

Si, sur les photos, les vedettes sont éclairées avec une lumière très blanche, comme si c'était des anges... Ce ne sont pas des anges, c'est juste pour cacher qu'elles sont vieilles.

Sieste

On encourage de plus en plus les gens à faire des siestes courtes au travail. D'après des études, 20 minutes suffiraient largement pour se requinquer et être plus efficaces. Moi, quand je fais une sieste, il me faut 20 minutes pour m'endormir. Donc, si ça ne dérange personne, je vais rester un poids mort pour l'entreprise.

Sincérité

Vous imaginez le temps qu'on perdrait si on répondait sincèrement à toutes les phrases toutes faites et autres formules de politesse qu'on entendait ? Par exemple, quand on croise une vague connaissance dans la rue qui nous dit :
« Bonjour. Ça va ?
— Euh non, mais, de toute façon, je ne sais pas pourquoi tu me demandes parce que si je t'explique pourquoi ça ne va pas, je vais te gonfler. Donc, tu arrêtes avec tes questions polies et tu fais comme tout le monde : tu fais coucou de la main et tu fermes ta gueule. »

Site de rencontres

Quand je me sens seul, je vais sur des sites de rencontres. On m'a dit que c'était très efficace. Donc j'ai rempli une fiche. Comme je suis un peu connu, je ne pouvais pas mettre mon vrai nom. J'ai fait croire que je m'appelais Laurent Cabrol. Je n'ai eu aucun contact en deux heures... En revanche, quelqu'un m'a demandé la météo.

Slip

Nous ne sommes pas égaux devant les sous-vêtements. Un mannequin qui met un slip, tu vois un mannequin. Moi, je mets la même chose, tu vois juste un mec en slip.
Faut vraiment être ultra-gaulé pour pouvoir porter ça. Contrairement aux idées reçues, c'est très difficile de sauter une fille avec un slip kangourou !

SM

Entre les couloirs de bus, les livraisons, les embouteillages, les difficultés de stationnement, quand tu veux conduire une voiture à Paris, tu es maintenant obligé de mettre une cagoule en latex. C'est considéré comme une pratique SM.

Smartphone

Je suis très admiratif des gens qui arrivent à décrocher de leur portable. Moi, je n'y arrive pas. J'ai essayé le patch, en collant directement la carte SIM dans mon dos. J'ai juste perdu le peu de fierté qui me restait.

SMS

Est-ce de la paranoïa ou de l'orgueil mal placé ? Je ne sais pas, mais en tout cas, je n'aime pas les gens qui mettent 4 jours à répondre à ton SMS alors que, quand tu es avec eux, tu t'aperçois qu'ils ont leur téléphone greffé à la main en permanence.

Snobisme

Le comble du snobisme, n'est-ce pas d'aller dans un grand restaurant, de prendre ce qu'il y a de plus cher et de payer avec des tickets-restaurants ?

Sociabilité virtuelle

Sur les sites parlant d'émissions de télé, les internautes peuvent donner leur impression sur tel ou tel programme. Exemple d'info publiée sur un site : « Hier, sur TF1, *Joséphine, ange gardien* a fait 8 millions de téléspectateurs ». Commentaire n° 1 : Moi, je n'ai pas regardé. Commentaire n° 2 : Moi non plus. Commentaire n° 3 : Ah bon ? Alors vous ne faites pas partie des 8 millions.

Oui, du néant peut naître une conversation. Et c'est peut-être ça qu'on cherche car parler de rien, ça veut surtout dire que tu existes. Que tu es virtuellement intégré dans la société.

Dans le monde réel, si tu vas dans une soirée et que tu ne parles à personne, les gens verront quand même que tu es là, vivant. Dans le virtuel, non, tu es obligé de rappeler aux autres que tu n'as rien à dire pour qu'ils se rendent compte que, même si tu as la conversation d'une palourde, tu n'es pas un spam.

Société secrète

Les gens qui font coucou sur les ponts d'autoroutes m'angoissent énormément. Vous savez, ces gens qui passent leurs journées à faire des grands signes aux voitures dans l'indifférence la plus totale. Je ne sais pas d'où ils sortent. À mon avis, ils font partie d'une société secrète : la société des gens du décor, des gens qui n'ont pas d'existence véritable, mais qui ont juste une fonction décorative ou d'animation du quotidien. Il y en a plein. À la plage, le vieux avec une casquette, en slip de bain avec des sandales qui fait des allers-retours au bord de l'eau. Il va au bout de la plage, il fait un demi-tour et il revient. Toute la journée. Sans émotion. Il fait des allers-retours ! Vous pouvez aller sur n'importe quelle plage, il y en aura un ! Même en Bretagne ! Sauf qu'en Bretagne, il a une veste de survêt' et il ramasse des coquillages pour faire semblant. Sinon c'est pareil. Slibard-sandale ! C'est son uniforme.

Le mec assis sur un banc toute la journée. Tu te dis qu'il est du coin, tu t'arrêtes en voiture pour lui demander ton chemin, tout ce qu'il te répond c'est « Pfff... j'sais pas, j'suis pas d'ici... ». Mais si, t'es d'ici ! Sinon, qu'est-ce que tu fous sur ce banc ? Le mec, c'est un faux mec du coin.

Mais bien sûr que ça existe les figurants de la vie, je suis sûr que vous en connaissez en plus !

La femme chez le coiffeur, qui est sous le casque ou qui fait une couleur. Tu arrives, elle est là, tu t'en vas, elle est là. Tu repasses deux jours plus tard, elle est toujours là ! Ce ne sont pas des vrais gens, c'est du décor !

Celui qui opine toujours du chef aux réunions de syndics. Ou dans d'autres réunions. D'ailleurs il va à toutes les réunions possibles. Juste pour opiner.

Le mec au bout du bar qui gratte un morpion toute la journée. Enfin le jeu, hein, parce que sinon c'est dégueulasse. Toute la journée ! Il gratte des morpions et il mange des cacahuètes. Vous allez pas me dire que c'est une vraie personne ! Il vit de quoi ?

Le type sur le trottoir, toujours là pour t'aider à faire un créneau. Sa vie, c'est ça... Il erre dans les rues en espérant que quelqu'un veuille se garer. Il t'incite même ! « Si, si, il y a la place ! Allez-y, je vais vous aider. Large, vous êtes large ! » Toi, tu ne voulais même pas te garer, mais comme il y a la place, tu te dis que ça serait idiot de passer à côté... Tu fais ton créneau, tu sors de la voiture, le mec a disparu ou il est déjà en train d'aider quelqu'un d'autre. Ça m'angoisse !

Le gars au cinéma qui vient s'installer à côté de toi pour manger du pop-corn ! La salle est vide, le mec vient juste à côté de toi pour bien mastiquer à ton oreille. Juste pour te faire chier ! Le bouffeur de pop-corn, c'est le moustique du cinéma, un parasite ! Mais c'est du décor ! Qui mange du pop-corn à la maison ? Personne, ça n'existe pas. Ces gens n'existent pas.

Soirée promotionnelle

C'est un peu passé de mode les grandes soirées où les marques recevaient en grande pompe des invités qui repartaient avec de jolis cadeaux. Car c'est important de faire des cadeaux aux personnes qui en ont le moins besoin. Alors pourquoi cette raréfaction ? Est-ce l'effet de la crise ?

C'était assez dur pour l'ego car en fonction de ta notoriété, tu étais invité à des soirées plus ou moins prestigieuses. Comme une espèce de baromètre de ta valeur réelle dans le business. On ne m'a jamais demandé pour des marques de luxe, par contre j'ai fait la soirée Petit Navire, je suis reparti avec un thon.

Non, moi, je n'étais sollicité que pour les petites soirées promotionnelles. J'ai aussi fait une soirée pour un laboratoire pharmaceutique. C'était bien, ils avaient ouvert les portes pour faire des courants d'air comme ça, avant de repartir, on t'offrait un rhume.

Soldes

Il y a une règle à rappeler que beaucoup de monde oublie au moment des soldes : si tu fais des économies en achetant moins cher quelque chose dont tu n'as pas vraiment besoin, tu fais encore plus d'économies en ne l'achetant pas.

Solidarité

Je suis toujours étonné par la gentillesse des inconnus, la solidarité qui émerge quand on ne l'attend pas. Il y a trois jours, j'étais invité par un pote qui a une maison dans la Nièvre. Je pars avec ma vieille bagnole et je tombe en panne sur une aire d'autoroute. En pleine nuit ! Je vous assure que tout seul sur une aire d'autoroute en pleine nuit, vous comprenez ce que c'est la solitude ! Il y a un poids lourd qui s'arrête près de moi. Je fais signe au chauffeur que je suis en difficulté. Ni une ni deux, le mec, un gros balèze, descend de son camion et s'approche de moi. Il me dit : « Toi, tu vas être ma femme ! » Vous vous rendez compte ? Le type ne me connaissait pas et il voulait déjà que je fasse partie de sa famille !

Solitude

On n'a jamais été aussi seul depuis que le mot « ami » a été galvaudé par les réseaux sociaux.

Avant, on échangeait avec un groupe restreint et choisi, maintenant on se rassure en publiant sa vie à tour de bras sans savoir qui sera touché au final, chacun de nos posts devenant une espèce de bouteille à la mer virtuelle.

Sondage

Certains sondages m'étonnent. Sur le site d'un quotidien, une question était posée le lundi. Réponse le mardi : OUI à 30 %, NON à

67 % et 3 % ne se prononçaient pas. C'est énorme. Ça signifie qu'il y a quand même 3 % de gens qui ont fait la démarche de se connecter, ou pire, de payer un SMS surtaxé, juste pour dire qu'ils n'avaient pas d'avis. Un sondage dans la rue, quand tu es sollicité au hasard, je comprends que tu ne te prononces pas, mais là, c'est quoi ta motivation pour affirmer haut et fort que tu n'as aucun avis sur la question ? C'est comme si tu prenais ta bagnole, que tu faisais 1/2 heure de route pour aller au supermarché et qu'en arrivant là-bas, tu allais voir une caissière juste pour lui dire que tu n'avais pas l'intention d'acheter quoi que ce soit. C'est bien, mais reste chez toi.

Sorcière

Ce qui a tué les sorcières, c'est l'invention de l'aspirateur. Elles ne pouvaient plus se déplacer.

Soupe

Moi, ce que je réussis bien, c'est les soupes froides. C'est très simple : tu fais une soupe chaude et puis tu attends.

Sourire

Bien sûr que le sourire est un art. Moi je suis dans ma période jaune, mais je vais bientôt me faire détartrer.

Speed dating

« Je n'ai pas beaucoup de conversation... Je suis vraiment confus. Mais il faut m'excuser, la dernière fois que j'ai été avec une femme, elle avait une valve. »

Squash

La particularité du squash étant de jouer sur le même terrain que son adversaire, si on affronte quelqu'un de plus fort, vaut-il mieux s'acharner ou au contraire le taper directement avec la raquette ?

Stage

L'intérêt du stage non rémunéré, c'est que vous apprenez votre métier sans la pression de l'argent. Enfin, c'est ce qu'ils m'ont expliqué.
À la fin d'un stage, on se sent très compétent. Pauvre mais compétent. En fait, l'intérêt d'un stage, c'est surtout que ça fait une ligne de plus sur le CV et, grâce à ça, on peut accéder à un nouveau stage. Non, on est rarement embauché après. Ben, vous savez comment c'est, quand on s'habitue à voir des gens travailler pour rien. Même si on ne les paye qu'un tout petit peu après, ça fait chier. C'est humain, je ne critique pas...

Statistiques

D'après les statistiques, un homme a 11,3 partenaires sexuels dans sa vie. Moi, pour l'instant, je n'ai eu que les 0,3 partenaires. Elle était toute petite et il lui manquait une jambe.

Stress

C'est dingue ce que ça stresse les gens d'imaginer qu'un incompétent puisse piloter un avion. Je vous assure. Moi, je vois, je suis malade en voiture, sauf quand je conduis. En avion, c'est pareil. Eh ben les passagers n'ont jamais voulu que je pilote l'A380 ! Ils préféraient que je vomisse partout ! L'égoïsme des gens...
Et encore je ne suis pas à plaindre parce que ce n'est pas mon métier. Mais imaginez un commandant de bord bègue : « Bon-bon-bonjour, je... je... je suis votre co... co... commandant ». Il y a la moitié des passagers qui descendent avant le décollage ! Sans aucune raison valable !

Super mamie

Il y a des élections pour désigner la meilleure grand-mère de France. C'est comme une élection de miss sauf que tu ne lui demandes pas ce qu'elle veut faire plus tard.

Supermarché

Pour les personnes âgées qui ne peuvent pas attraper les produits en hauteur, je suis pour l'installation de trampolines. Ça pourrait rendre l'exercice des courses beaucoup plus ludique pour tout le monde.

Surveillance

Avec les nouvelles technologies, tout le monde peut fliquer tout le monde. Et je ne dis pas ça parce que je suis paranoïaque. Déjà, je ne suis pas paranoïaque, il y a juste beaucoup de gens qui m'en veulent. Par exemple, on peut dissimuler dans un radioréveil tout à fait ordinaire une caméra indétectable, qui filme à travers un trou pas plus gros qu'une tête d'épingle. Très pratique pour savoir si votre femme se recouche après votre départ au boulot et si pour se rendormir, elle a besoin d'un doudou d'1 m 80 qui s'appelle Serge. Si, ça arrive souvent, ça. Ce n'est pas quelque chose que j'ai vécu personnellement, mais j'ai vu beaucoup de films érotiques.
Bon, évidemment, ce radioréveil peut avoir d'autres utilités. Déjà, il peut vous donner l'heure et vous faire entendre la radio. Oui, je sais, c'est incroyable. Il peut aussi vous permettre d'espionner la nounou, pour être sûr qu'elle ne joue pas au jokari avec votre bébé dès que vous avez le dos tourné. Bon, le problème du dispositif, c'est que les gens qui viennent chez vous vont se demander pourquoi vous avez des radioréveils dans toutes les pièces. À moins de prétexter un toc, vous êtes découvert rapidement.

Surveillant de maternelle

« Comment ? Quoi ? Hervé, il t'a fait mal à ta sœur ? Non, ce n'est pas possible. Là, dans ta phrase, tu as deux compléments d'objet indirects. Oui, il lui a peut-être pété une dent, mais au niveau de la grammaire, c'est pas du français. Alors, tu vas réfléchir à ta tournure de phrase et après on soignera ta sœur. Elle saigne beaucoup à l'intérieur de sa bouche ? Oui, mais c'est normal si elle a une dent cassée. Il ne faut pas t'inquiéter. »

« Quoi ? Hervé, il t'a fait mal à ta sœur... s'il te plaît ? Non, ce n'est pas ce que je t'ai demandé, je t'ai demandé de remplacer les compléments d'objet indirects ! Les COI ! Eh ben, tu te débrouilles, faut pas toujours compter sur les autres ! La vie, elle est difficile, il y a du chômage ! Et quand tu seras grand, ça sera encore pire ! Alors faut que tu t'accroches dès maintenant ! Ta sœur ? Eh ben, quand elle n'aura plus de dents, elle ne saignera plus ! Il commence à me gonfler, celui-là ! »

T

Comme ses collègues le C ou le G, le T est devenu une star des messages des « gens qui n'ont pas le temps d'écrire en entier des mots de 3 lettres car ils n'ont pas que ça à foutre ! ».

D'où la prolifération de délicieux dialogues SMS.

Exemple :

« T où ?

– Dans ton Q.

– XPTDR. »

Tabac

Je n'ai jamais fumé, mais pour arrêter quand même, j'ai arrêté de voir tous mes amis fumeurs. Le sevrage a été difficile, il y en a que j'aimais bien. Mais, sinon, je ne fais pas de sectarisme : autant je trouve normal que dans les espaces non-fumeurs, les gens ne fument pas, autant je suis prêt à me battre pour que les gens dans les espaces fumeurs fument. Parce que parfois, ils sont vicieux, les gens : ils ne fument pas tout le temps, ils discutent !

Taille du sexe

Étant d'un naturel logico-rigide, je perds énormément de temps à élaborer des théories foireuses pour essayer de comprendre le monde. Par exemple, je pense qu'il y a une vraie corrélation entre la dimension des attributs masculins et la fidélité des hommes. Pour bien comprendre ce que vous risquez avec votre partenaire, il suffit de comparer la taille de son sexe à la taille d'un chien. S'il est petit, tu te dis qu'il peut vivre en appartement, qu'il n'a pas besoin de beaucoup se promener. S'il est gros, il tournera vite en rond et il lui faudra de l'espace pour se dégourdir ailleurs.

Tatouage

Je trouve que c'est une preuve d'amour le tatouage. Moi, quand je sors avec une fille, je la fais tatouer. Dans l'oreille, au cas où je la perdrais. Mais, dans l'absolu, j'ai un peu de mal avec les tatouages. Je trouve que ça n'évolue pas bien. J'avais vu une femme qui s'était fait tatouer le visage de Céline Dion sur le bras. C'était très joli. Le problème c'est qu'après la femme avait fait de la rétention d'eau. Là, tu as deux possibilités : soit tu envoies des gâteaux au saindoux à Céline Dion pour qu'elle s'adapte au tatouage, soit tu colories le tatouage en vert pour transformer Céline en fiancée de Shrek.

Taxi

Je suis assez intolérant avec les chauffeurs de taxi qui sont perdus sans leur GPS. Je suis certainement vieux jeu, et je l'assume, mais je trouve que les chauffeurs de taxi devraient connaître les rues par cœur. Parce que, il ne faut pas exagérer, ça ne bouge pas tant que ça un plan de ville. C'est rare les mairies qui construisent des rues la nuit juste pour faire chier les taxis. Là, c'est comme si tu allais chez le boulanger, que tu lui demandais du pain et qu'il te répondait : « Du pain ? Pas de problème... » Et, en cherchant sur sa tablette tactile : « Alors... de la farine, du sel, de l'eau... »

Téléchargement illégal

Si on télécharge illégalement et qu'on se fait attraper, est-ce qu'il y a des circonstances atténuantes ? Comme un fou ne peut pas être jugé pour ses crimes, est-ce que si je ne télécharge que des morceaux de Jul, je peux plaider la folie ?

Télé-réalité

Ce qui est bien, c'est que depuis l'avènement des programmes de télé-réalité, quand on dit « Il n'y a rien à la télé ce soir », on peut répondre : « Ah bon, sur quelle chaîne ? »

Télévision

J'ai un rapport assez peu passionnel avec ma télé et j'avoue que j'ai du mal à comprendre les gens qui râlent dessus toute la journée. Ce n'est qu'une machine. Si c'est vraiment nul, tu n'as qu'à pas appuyer sur le bouton off. C'est rare les télés qui s'allument toutes seules pour te faire chier.

Tentation

Un jour, une amie m'a dit : « Si je veux coucher avec un mec, c'est simple en fait, il suffit que je veuille. Parce qu'un mec ne dira jamais non. »

C'est terrible ! C'est terrible pour nous les hommes d'être résumés ainsi, mais elle a raison. Elle a raison ! Ça ne sert à rien de se voiler la face... Il faut le reconnaître, les hommes sont généreux ! Ils n'essaieront jamais d'humilier une jolie fille qui s'offre à eux. Alors que les femmes, si.

Test

Je suis toujours tenté de faire les tests dans les magazines, mais j'essaie de me calmer. La dernière fois que j'en ai fait un, j'ai appris que j'étais une fille frigide. Ça m'a bien déprimé.

Texto

Il y a quelques années, ça m'aurait foutu la rage d'être quitté sur un répondeur. Aujourd'hui, je me dis que j'ai de la chance parce que j'aurais pu être quitté par texto, avec l'orthographe approximative qui va avec : « Pref R en resT la et KC. Ciao ! Voume soulez trop. » Pourquoi elle me vouvoie ? Oui, finalement, il y a encore pire que d'être quitté par texto, c'est être quitté en recevant un texto groupé. Tu sais que tu es largué, mais en plus que tu étais cocu !

TGV

Les gens qui téléphonent dans le train, quand ils perdent leur réseau, qu'est-ce qu'ils font ? Ils avancent dans le wagon pour trouver un endroit fixe où ils captent bien. Mais il faut qu'on m'explique un truc. Comment peut-on trouver un endroit fixe dans un train qui va à 300 km/h ?

Timidité

Quand j'étais plus jeune, niveau drague, j'avais un bon feeling avec la lose. Quand une fille me plaisait, je devenais liquide. J'écoutais mes potes qui me disaient : « Si une fille t'impressionne trop, il y a un truc imparable pour te rendre moins nerveux, imagine-la en train de faire caca. » L'image me parlait tellement que j'ai préféré garder ma virginité jusqu'à l'âge de 25 ans. Jusqu'à ce qu'un autre pote me dise : « Si tu veux draguer une fille, il ne faut surtout pas que tu lui montres qu'elle t'intéresse, drague sa copine plutôt. » Et c'est vrai que ça marche. À chaque fois, je repartais avec la copine.

Toc

J'ai des tocs. Plein ! Par exemple, je trie mes aliments et je les mange par couleurs. Je mets 5 heures pour manger une salade de fruits, 10 heures pour une ratatouille. Le taboulé, j'ai arrêté...

Toilettes

Vous n'avez jamais observé le comportement des gens aux toilettes ? Une personne devant la porte d'un cabinet, elle saisit la poignée pour l'ouvrir. Oups, c'est occupé. La personne attend 30 secondes. Au bout de 40, elle redonne un coup sur la poignée pour voir si la porte est toujours fermée. Pourquoi fait-elle ça ? Parce qu'elle espère que la personne à l'intérieur s'est enfuie par le trou des toilettes ?

Tour de France

On saura que les cyclistes du Tour de France ont été trop loin quand les motards de France Télévision n'arriveront plus à les suivre.

Tradition

Moi, je suis très tradition, donc je fais sauter les crêpes. Je n'en mange pas beaucoup, mais j'ai un joli plafond.

Train

On peut avoir de gros problèmes si on tire le signal d'alarme dans un train sans raison valable, même si c'est accidentel. Je le sais car un jour je l'ai tiré par mégarde, j'ai été obligé de pousser quelqu'un sur la voie pour éviter l'amende.

Transports en commun

Les trains de banlieue le matin, je crois que c'est ce que je préfère avec l'appendicite.

Travail

72 % des salariés affirment ressentir du stress au bureau. Et 28 % déclarent ne pas travailler dans un bureau.

Triche

Pourquoi on empêche les élèves de tricher aux examens ? Aux examens de latin, par exemple ? Franchement, qu'est-ce qui leur servira le plus dans la vie : connaître le latin ou savoir tricher ?

Tromperie

« Quoi, Sandrine ? Il ne s'est rien passé avec Sandrine. C'est un malentendu. Elle dormait par terre, je me suis pris les pieds dans les siens, je suis tombé sur elle et on a fait l'amour. L'accident con. »

Tupperware

J'ai grandi à une époque où il n'y avait que trois chaînes de télé, donc niveau divertissement, on était nettement moins exigeant qu'aujourd'hui. Tout était prétexte à se réjouir. Quand les ambassadrices Tupperware ont commencé à débarquer dans les salons des pavillons de banlieue parisienne, on en parlait comme si le cirque arrivait en ville.

Quel merveilleux concept ces soirées Tupperware ! Tu étais chez toi, tranquille, à bouffer du surgelé pour ne pas faire la cuisine, et tu ne savais même pas qu'il existait des boîtes en plastique pour conserver la cuisine que tu ne faisais pas ! Oui, c'est idiot mais malgré ce constat lucide, à la fin de la soirée Tupperware, tu t'étais endetté pour acheter la batterie complète. Et croyez-moi, la batterie, elle était grosse ! Il y avait de quoi ranger ! Je suis sûr que 50 % des serial killers qui découpent leurs victimes en petits morceaux, au départ, ils ont fait ça pour rentabiliser leurs boîtes Tupperware !

Tuto

Savoir danser pour inviter les filles, c'est très important quand tu es célibataire. Sauf que quand tu es chez toi, seul, et qu'on te montre comment danser à deux, tu fais comment pour t'entraîner ? Moi, j'ai essayé avec mon chien. Pas coopératif du tout, le teckel ! Et après, pour ne pas être dépaysé quand tu danses, il faut que tu trouves une fille avec un long corps qui rase le sol !

Twitter

Quand quelqu'un devient un peu médiatique, il arrive qu'on exhume ses vieux tweets scandaleux, à l'époque où cette personne pensait que son anonymat lui garantissait un totem d'immunité et la liberté de tenir des propos offensants pour le commun des mortels. Je suis pour la liberté d'expression, mais je suis aussi pour le fait d'assumer ce qu'on envoie dans la twittosphère. C'est rarement le cas, hélas. Bien souvent, la défense tient en une phrase : « J'étais jeune, j'avais 20 ans ! », sous-entendu : « On ne peut pas me tenir rigueur de ces propos car mon cerveau n'avait pas fini son développement. » L'argument est assez hasardeux, mais surtout inquiétant quand tu te rends compte que tous ces gens qui n'assument pas les tweets de leurs 20 ans ont commencé à voter à 18.

U

Voyelle de très bonne composition qui supporte la colocation avec pas mal de ses consœurs (AU, EU, UI, OU) et même parfois des plans à trois (OUI).

Union

À partir d'un certain âge, si les hommes abandonnent leurs femmes, c'est surtout parce que personne ne veut leur reprendre.

Urgence

« Allô, Jean-Luc, où es-tu ? Je t'ai laissé 24 messages ! Bon ben, je suis désolée, mais je ne peux plus attendre. Tant pis, j'y vais toute seule. »
Ça, c'était la naissance de mon fils. Je n'étais pas là au moment des contractions. À la maternité, ils m'ont dit que c'était la première fois qu'ils voyaient une femme enceinte arriver en Vélib'.
Eh ben, il n'y a pas qu'en voiture que les gens sont vulgaires. Ma femme, quand elle est arrivée, elle a insulté tout le monde.

Usure

C'est dur l'usure du temps dans un couple. Au début, avec ma femme, quand on faisait l'amour, on cherchait des positions excitantes, maintenant on cherche des positions confortables. Il n'y a rien de mal à ça, mais la dernière fois, ma femme était tellement bien qu'elle s'est endormie avant la fin. Elle a même réussi à simuler un orgasme en ronflant.

Utilité

Je suis très bricoleur. J'ai fait un trou dans le mur avec une perceuse. Bon, maintenant, il faut que je lui trouve une utilité à ce trou...

UV

J'aime bien les filles qui font beaucoup d'UV, mais il faut dire aussi que j'aime les pommes cuites, bien fripées.

V

Symbole de la victoire qu'on peut facilement reproduire avec ses doigts, très utilisé depuis la Seconde Guerre mondiale. Attention, si vous avez perdu votre index, pour une quelconque raison, n'essayez pas de manifester votre joie en faisant ce signe de ralliement, ça pourrait être très mal perçu.

Vacances

Les moches, ça ne me dérange pas de m'en taper en été. C'est comme le rosé pour les vins... En été, ça passe.

Vainqueurs

On nous impose des modèles qui ne correspondent en rien à notre réalité, nous les losers ordinaires. Dans la pub, au cinéma, à la télévision, on essaie de nous vendre des idéaux que nous n'atteindrons jamais. Il faut que cela cesse ! Arrêtons de nous frustrer et essayons d'atteindre des sommets raisonnables. Depuis trop longtemps nous célébrons les vainqueurs, les stars, ceux qui sont bien coiffés en sortant de la piscine alors que toi, dès que ta tête est mouillée, tu ressembles à un poulpe... Ceux qui, dans une soirée, voient un piano, s'installent et improvisent un morceau qui rend toutes les femmes de la salle amoureuses alors que toi, au piano, tu sais juste jouer *Au clair de la lune*. Ceux qui ne se cognent jamais le petit doigt de pied dans un meuble la nuit, ceux qui arrivent à manger des spaghettis bolognaise en portant un costume blanc ! Les winners, ceux qui au supermarché choisissent toujours la file qui va vite alors que toi, le loser, tu te retrouves dans celle où il n'y a que des petites vieilles qui payent par chèque. Les winners, ceux qui sont toujours bien assis dans les salles de spectacle alors que toi, tu te retrouves toujours placé derrière un mec avec une coupe afro ! Les mecs parfaits qui n'ont jamais été obligés de dire à une fille après lui avoir fait l'amour : « Au fait, je ne t'ai pas demandé, tu prends la carte bleue ? »

Vedettariat

« Pardon. Je vous connais, mais je ne sais pas d'où... On peut prendre une photo ?

— Ben, si vous ne me connaissez pas, pourquoi vous voulez une photo ?

— Comme ça, chez moi, je chercherai. »

Vedettariat bis

« Hé, m'sieur, il paraît que vous êtes connu. C'est vrai ?

— Tu me connais ?

— Euh... Non.

— Ben, c'est bon, t'as ta réponse. »

Vendeur

Il n'est pas abusif de dire que le synonyme de « jeune comédien » est souvent « jeune chômeur ». Donc pour subsister, vous multipliez les jobs, sans trop réfléchir à la cohérence de votre parcours professionnel. Une agence d'intérim m'avait envoyé dans une grande surface d'électroménager, un vrai rendez-vous en terre inconnue pour moi. Heureusement, un sage m'a tendu la main pour me former. Luke Skywalker avait Yoda, moi j'avais Didier.

« Tu sais, quand je vais partir, tu pourras peut-être prendre ma place. Si, si, je t'assure moi aussi au début j'étais une petite merde. Quand j'ai commencé, je faisais que de la manut'. Après, on m'a confié le rayon brosses à dents électriques. Je me suis fait les dents pendant 5 ans. Fort de cette expérience, j'ai accédé au rayon raclette/pierrade/crêpière. Un gros truc, ça ! Beaucoup de pression ! Mais je ne me suis pas dégonflé. Résultat, au bout d'un an, on m'a rajouté les friteuses ! Maintenant, je m'occupe de tout le blanc du magasin. Le blanc, c'est l'opposé du brun, la hi-fi, la vidéo... Non, ça ne m'a jamais tenté le côté obscur de Darty. Moi, c'est machine à laver et tout le toutim ! Je suis Mister Clean !

« Les clients ? Tu les baratines ! De toute façon, il y a que des prolos qui viennent ici. Je t'assure, il y en a, le magasin, c'est leur sortie du dimanche. Ils se promènent dans les rayons, c'est comme s'ils étaient au Louvre. Ils regardent, mais ils n'achètent pas. Alors faut que tu les accroches ! Ce qui compte, c'est le chiffre ! Tu pipeautes si tu veux, mais tu vends ! Admire la technique !

« Des renseignements ? Cette cafetière ? Ah, je vous la conseille ! C'est une très bonne machine de fabrication française. Taïwan ? C'est à côté d'Angoulême. Je vous en prie, à votre service !
« Oui, madame, alors les machines à laver... Vous avez ce modèle qui ne coûte pas cher et qui est bien, celui-ci qui coûte un peu plus cher et qui est un peu plus bien, celui-là qui coûte encore un peu plus cher et qui est encore un peu plus bien... Enfin bon, plus vous allez par-là, plus c'est cher... Donc plus c'est bien ! Comment ? Le prix est-il obligatoirement une assurance de qualité et la qualité est-elle obligatoirement onéreuse ? Je ne sais pas, madame, je suis juste vendeur, je suis pas philosophe. Là, c'est pas cher, là c'est cher.
« Bon, ben moi j'ai fini mon service... Comment, monsieur ? Les brosses à dents électriques ? Trop tard, j'ai fini mon service. Ben oui, mais l'heure, c'est l'heure... Ce n'est pas la peine d'insister, j'ai fini mon service, je vous dis ! Comment ça, je ne suis pas aimable ? Mais tu as vu ta gueule, toi ? Avec tes vieux chicots ? Avant de t'acheter une brosse à dents, achète-toi des dents ! C'est un conseil !
« Tu as vu ça ? "Achète-toi des dents !" Même énervé, conseil de vente ! N'oublie jamais, toujours rester commerçant ! »

Vêtement

Moi je dis qu'on devrait tous boycotter les vêtements fabriqués en Chine par des enfants. Parce que souvent, les enfants, ils bâclent leur travail.

Viager

Il y a plein d'activités méconnues pour les seniors, comme le saut à l'élastique. En général, ce sont des gens qui ont acheté leur maison en viager qui offrent ça à leur propriétaire.

Viagra

C'est bien, toutes ces pilules permettant de redresser des sexes aux garde-à-vous incertains. Mais avant toute chose, est-ce qu'on pourrait mettre au point une pilule de séduction ? Parce qu'il y a plein de mecs qui n'ont aucun problème érectile, mais qui sont tout seuls.
Vous me direz, ce qui est bien, c'est qu'avec le Viagra, ils peuvent faire l'amour à leur poupée gonflable avec plus d'ardeur.

Viande

Avec toutes les maladies comme la vache folle ou la grippe aviaire, un bon menu aujourd'hui, c'est plat-entrée-dessert-café et dernière cigarette.

Vie

La vie, c'est un toboggan. Les trente premières années, tu grimpes doucement l'échelle pour te construire, pour savoir ce que tu vas faire de ta vie, et quand tu arrives à 30 ans et que tu commences à y voir clair, les années s'accélèrent et tu glisses vers la vieillesse. C'est ça la vie : tu es jeune avec des questions et tu es vieux avec des réponses.

Vie active

Oui, je vis encore chez mes parents. Non, ce n'est pas une volonté, c'est plutôt à cause du système car, autant le stage non rémunéré est bien au point, autant le loyer non payé n'est pas encore bien accepté.

Vie de couple

Chaque jour, avant de rentrer chez moi, je réfléchis à ce que je compte regarder à la télé le soir. Tant que je n'ai pas d'idée, je ne rentre pas. Il faut absolument que je trouve sinon je sais que je vais être obligé de parler à ma femme, et, elle, elle va se sentir obligée de me raconter sa journée au bureau. Alors que je m'en fous ! Mais d'une force !

Attention, je ne suis pas un mufle, je ne suis pas comme tous ces mecs qui arrivent chez eux sans dire bonjour et qui lancent direct en s'asseyant dans le canapé : « Qu'est-ce qu'on mange ce soir ? » Ça va, si c'est pour dire ça, vaut mieux se taire. Ce n'est pas ta bonne !
Moi, je rentre chez moi, déjà je dis : « Bonjour, chérie ! » Oui, je l'appelle « chérie » parce qu'en fait, je ne me souviens plus de son prénom. Ça fait tellement longtemps qu'on n'a pas eu une vraie conversation. Donc « Bonjour, chérie » et après, pas de phrase humiliante sur la nourriture... Non, je lui fais juste un petit geste de la main pour lui faire comprendre que j'ai faim et ça suffit. Elle comprend très bien et elle garde sa dignité. Après, si j'ai besoin de quelque chose, je lui montre du doigt, je ne suis pas obligé de l'humilier en lui donnant des ordres. Et attention, ça va dans les deux sens... Elle aussi, elle me montre des choses du doigt, même si j'ai un peu de mal à la suivre. C'est bizarre, elle me montre toujours le plafond avec son majeur. Je ne sais pas ce qu'elle veut me faire comprendre.

Vin

Au restaurant, comme je suis un homme, on me demande souvent de choisir le vin. Je ne sais pas pourquoi. Il faudra un jour m'expliquer le rapport entre la masculinité et l'œnologie et quel combat machiste a dû mener l'homme pour obtenir ce privilège.
Toujours est-il que quand les gens se tournent vers toi pour choisir le vin, tu sens que si tu leur avoues que tu n'y connais strictement rien, tu vas les décevoir terriblement et trahir ton genre. Donc, à chaque fois, je saisis la carte des vins avec assurance et je m'y plonge avec mon air le plus concerné. Je n'ai jamais connu d'échec. Certains réussissent à repérer un bon vin à l'appellation, à la région d'origine ou au millésime, moi je réussis à repérer un bon vin au prix. Je prends les plus chers. Mes amis font la gueule au moment de l'addition, mais au moins ils respectent mon savoir.

Vigilance

C'est très difficile de s'y retrouver avec tous leurs niveaux de vigilance en météo. Alors, voici des petites astuces pour vous aider :

- Si vous voyez passer devant votre fenêtre un arbre qui vole, vous êtes en vigilance rouge.
- En revanche, si votre toit a été arraché, et si vous voyez passer au-dessus de vous un camping-car, vous avez dépassé le stade de la vigilance, vous en êtes au stade des prières.

Virilité

Les filles veulent qu'on soit virils et sexy à la fois. Un dos poilu, ce n'est pas sexy... Mais un mec qui n'a pas de poils n'est pas viril. C'est compliqué. Il faut des poils à des endroits et pas à d'autres... En fait, je crois que les filles veulent nous toiletter comme des caniches.

Virginité

Faut-il rester vierge avant le mariage ?
Ça dépend si tu veux te marier ou pas. Sinon tu risques d'attendre longtemps.

Visite guidée

« Alors, bien sûr, dans la grotte, pas de flash parce que le flash, ça éblouit et ça peut créer des accidents. La semaine dernière, une vieille dame aveuglée est tombée dans un trou et est venue s'empaler sur une stalagmite en granit. Et j'aime mieux vous dire que ça n'a pas été facile à nettoyer alors, soyez gentils, pas de flash, respectez le petit personnel. Je plaisante, bien sûr ! Vous l'aviez compris. Les stalagmites sont en calcaire, pas en granit ! »

Visiteur de personnes âgées

« Attendez, qu'est-ce que c'est que ça ? Là, sur la table ! La boîte pour chats entamée ! Madame Duchemin ! Combien de fois il faudra que je vous le dise ? Si vous avez de la moustache, c'est à cause de l'âge, pas parce que vous êtes un matou ! C'est mou et c'est bon ? Oui, mais quand même. Non, je ne vous dispute pas ! Moi, tout ce que je veux, c'est votre bien ! Hein, si je viens tous les jours vous faire vos piqûres, c'est quand même que je vous aime bien. Et puis si vous lui mangez ses boîtes, qu'est-ce qu'il va manger votre chat ? Il ne vit plus avec vous ? Il est passé où ? À la fac ? Mais des études de quoi ? Qui vous a dit ça ? Le voisin ? Mais il est fou, le voisin ! Il vous a dit ça quand ? L'autre jour, quand il nettoyait les roues de sa voiture... Ah d'accord ! Et elles étaient comment les roues du voisin ? Rouges sang ? Non, non, ce n'est pas bizarre, il a raison. Les chats, ça aime bien faire des études... »

Vocation

L'essentiel, dans la vie, c'est d'avoir de bonnes motivations. Moi, si j'ai voulu devenir humoriste, au départ, c'était juste pour brancher des filles. Bon, bien sûr, à un moment j'ai compris que ça ne servait à rien, mais hélas, il était trop tard pour reprendre des études et avoir un métier honnête.

En fait, j'aurais dû faire sportif parce que, *a priori*, ça plaît bien aux filles, les sportifs. Elles sont là : « Oh il est trop beau, tu as vu son corps ! J'aimerais tellement le badigeonner avec du saindoux ! » Je ne suis pas sûr de la justesse de la dernière phrase, mais j'aimais bien l'idée.

Et puis c'était pour bien marquer la différence avec les humoristes parce que pour eux, les filles disent plutôt : « Oh il est trop marrant, tu as vu son corps, on dirait du saindoux ! J'aimerais tellement le badigeonner avec des muscles ! » Oui, c'est humiliant.

Vocation bis

Le manque de vocation chez les prêtres n'est-il pas un peu le cancer de la foi ?

Vœu

Au jour de l'An, on a les résolutions et les vœux. Les vœux, comme il y a un côté plus aléatoire, il y a toujours des petits malins qui essaient d'en glisser discrètement dans les résolutions. Pour que vous compreniez bien, je vous donne un exemple. Au dernier réveillon, un pote a décrété fièrement et avec beaucoup d'élégance : « Cette année, je vous préviens, je vais beaucoup niquer ! » On pensait que c'était une résolution, mais comme nous sommes déjà mi-décembre, ça restera un vœu.

Voisin

Il y a toujours des voisins qui viennent t'emprunter tes outils. Moi, quand je n'aime pas un voisin, je lui donne des gros marteaux avec des tout petits clous. Après, c'est bien, tu l'entends crier toute la journée. C'est formidable comme ça détend.

Vu à la télé

Un mec m'a croisé ce matin, m'a pointé du doigt et a dit : « Télévision ! » Puis il est parti...

Je ne sais toujours pas si c'est tout ce que je lui inspirais ou si c'était le seul mot qu'il maîtrisait.

WXYZ

Le problème de l'abécédaire, c'est comme pour le Scrabble, il y a des lettres qui te font chier. Pardon d'être aussi direct, mais c'est la vérité. Méticuleusement, vous vous évertuez à nourrir chaque lettre de l'alphabet, mais malgré tous vos efforts, vous sentez que les quatre du fond de la classe ne feront rien pour vous faciliter la tâche. Les rebelles du dernier rang. On les a mis à la fin de la liste parce qu'on n'attendait plus grand-chose d'elles. Dans un club de foot, elles joueraient en réserve, ne seraient sur le banc des remplaçants qu'en cas d'épidémie de gastro-entérite ou d'accident de car de l'équipe première. C'est pour ça qu'elles valent si cher dans les jeux de société. Leurs 10 points chacune, c'est l'allocation qu'on offre si on réussit à les réinsérer dans l'alphabet.

Wikipédia

J'aime beaucoup cette idée d'encyclopédie participative sur le Net. Chacun peut contribuer et apporter son savoir sur un sujet précis. C'est ainsi que, me concernant, j'ai pu rappeler à tout le monde que j'avais reçu un prix Nobel de physique, la même année que mon Oscar pour mon interprétation de François Valéry dans son biopic. Depuis, ils ont désactivé ma page. Mais, en revanche, je suis le seul à avoir ma photo sur la page consacrée à la mythomanie.

Xénophilie

Contraire de xénophobie. Mot disparu du langage courant, en tout cas jamais entendu sur les chaînes infos.

Yaourt (chanter en)

Technique consistant à produire des sons, des onomatopées, des syllabes qui font penser qu'il s'agit d'une langue réelle. Ce qui compte, c'est l'intention qu'on y met et l'impression de vérité qu'on dégage. Comme on n'écoute plus vraiment ce que les gens disent, bientôt des hommes et des femmes politiques se feront élire en faisant des discours de campagne en yaourt.
L'emploi du futur étant bien évidemment une vision optimiste de la chose.

Zénitude

État de tranquillité, de calme, de sérénité que vous atteignez lorsque vous vous êtes débarrassé du W, du X, du Y et maintenant du Z sans avoir cédé à la facilité de finir sur un zizi.

M comme Merci

Adeline, pour son soutien.
Gaspard et Violette qui m'inspirent et me rendent fier chaque jour.
Roger et Thérèse car sans eux, il n'y aurait pas eu grand-chose.
Lydia et Jean-Michel, toujours là quand il faut.
Sébastien, mon vieux compagnon de route.
Merci à ceux qui me permettent de propager mes bêtises, que ce soit sur scène, à la télé ou à la radio. Votre fidélité m'est précieuse.
Merci à Philippe Héraclès et Claude Fournier d'avoir pensé à moi.
Merci aux équipes de First pour tous ces stimulants échanges.
Et plus généralement, merci à tous ceux qui me supportent, dans tous les sens du terme.